Le Ki et la Voie

du même auteur :

Aïki-Ken et Ken-Jutsu. Édition BoD

Aïki-Jo. Édition BoD

Souffle du Budō. Édition BoD

© Marc Senzier, 2024

Édition : BoD · Books on Demand GmbH, In de Tarpen 42,
22848 Norderstedt (Allemagne)
Impression : Libri Plureos GmbH, Friedensallee 273,
22763 Hamburg (Allemagne)

ISBN : 978-2-3224-7890-3
Dépôt légal : Novembre 2024

À mes maître, d'hier comme d'aujourd'hui,

qui m'ont ouvert la voie

et me donnent l'envie irrésistible

d'y cheminer encore et encore.

Préface

C'est avec beaucoup d'humilité que j'entreprends de préfacer cette œuvre de Marc Senzier « le Ki et la Voie » au terme de laquelle il expose sa compréhension et son approche de l'aïkido.

La voie du Ki ou Ki no michi est un chemin exigeant. Il inspire les pratiquants vers une harmonie intérieure profonde.

L'auteur, à travers cet ouvrage, nous invite à explorer sa conception de l'aïkido, art martial où le mouvement et l'intention se rejoignent dans une dimension subtile pour créer paix et harmonie.

Je vous invite à lire ces pages avec un esprit ouvert. L'auteur veut nous plonger au cœur même de l'essence de l'aïkido.

Marc Senzier aborde la notion de Ki que l'on apprend à ressentir, canaliser et unifier avec le monde qui nous entoure. Le Ki est indissociable du mouvement corporel à l'origine de techniques.

Aussi, en aïkido, la force physique s'efface devant le relâchement, la bienveillance et le lâcher-prise. Cela permet un pont vers la paix intérieure, une voie de transformation personnelle et un moyen de connexion authentique avec l'environnement.

La voie de l'aïkido est bien plus qu'un simple art martial. Elle est une discipline de vie, une quête d'harmonie et d'équilibre entre le corps et l'esprit. Ce chemin de progression caractérise l'intérêt de la pratique et le processus éducatif. Il en est le véritable but de la construction personnelle et collective sans rechercher une finalité en première intention.

Débutant ou pratiquant avancé, cet ouvrage nous invite à toujours repenser notre pratique, à découvrir l'importance de la notion de KI dans l'aïkido et à intégrer ses enseignements dans notre vie quotidienne.

C'est un livre pour tous ceux qui cherchent à donner un sens philosophique à leur pratique, à faire dans le respect de la tradition martiale chaque mouvement, à chercher un pas vers l'harmonie partie intégrante de la notion de Ki.

Hubert THOMAS Hanshi
8ème Dan DNBK, 8ème Dan UFA Kinomichi

Sommaire

Ki (Énergie)

Introduction

Souvent traduit par Énergie ou Énergie Vitale, le *Ki* est un élément fondamental et indissociable de la pratique du *Budō*.

Il l'est, plus particulièrement dans la pratique de l'*Aïkidō* qui l'intègre dans sa propre nomination. Cependant, même pour cette discipline martiale, il reste difficile de trouver des livres ou des ouvrages traitant du *Ki*.

En Occident, et ce dès le début de l'introduction des pratiques martiales japonaises, parce que le plus souvent non assimilée ou non comprise, cette notion a été délaissée et l'accent a été mis sur la technique pour laquelle de nombreux ouvrages ont été édités.
Pourtant le *Budō* n'est pas sans le *Ki, l'A*ïkidō l'est encore moins.

Quelle est cette Énergie ?

Poser cette question revient à demander quelle est l'énergie qui fait battre notre cœur, celle qui permet la régénérescence de nos cellules ou bien le développement d'une cellule par la fusion d'un ovule avec un spermatozoïde.

Cette énergie est naturelle. Elle fait partie de la nature. Elle est en ce que nous sommes et ce qui nous entoure.

Nous recevons une partie de cette énergie à notre conception et nous la rendons à notre mort. Tous, nous la possédons. Elle est en nous, ici et là, à portée de cœur. Mais le plus souvent nous n'en avons pas conscience et nous l'ignorons.

Il nous faut alors apprendre à la reconnaître, à la ressentir, à la laisser circuler, à la laisser agir et peut-être apprendrons-nous alors à la canaliser et à l'utiliser.

Dans quel but ? C'est justement là tout l'enjeu.

Une des promesses que fait le *Budō* est l'accès à cette énergie, accès non sans travail et non sans beaucoup d'efforts pour le pratiquant au cœur sincère.

Cette énergie est précieuse et nous ne devons pas la mettre au service de forces obscures ou mal intentionnées.

Nous ne pouvons pas nous permettre de la gaspiller en futilités ou essayer de la garder juste pour soi, égoïstement, car sa valeur n'existe que dans l'échange et le partage.

Pour que l'Énergie reste bénéfique, nous devons décider de ne l'utiliser que dans la lumière et la mettre au service de l'accomplissement de nobles ambitions.

Je souhaite que ce livre amorce une réflexion pour tout pratiquant de *Budō* souhaitant développer et approfondir ses connaissances. Qu'il vous guide vers cette lumière et vous permette de vous donner l'envie de pratiquer avec cette même « volonté de se réaliser » qui anime et motive ma pratique.

Ki : Énergie vitale

Budō : désigne les arts martiaux japonais dits modernes, dont la finalité première n'est plus la destruction ou la technique guerrière, même si cette dernière reste l'objet de l'étude ou de la pratique. La pratique du Budō est orientée vers le développement de compétences physiques ou techniques pour l'aspect sportif, le contrôle des émotions, la bienveillance ou le développement de nobles qualités humaines pour l'aspect psychique et parfois religieux.

Aïkidō : art martial moderne créé par Morihei Ueshiba (1883-1969), dont la finalité est la préservation des individus et la résolution pacifique des conflits. Aï se traduisant par harmonie, Ki, énergie et Dō, la Voie.

地

Chi (la Terre)

Aïki, du Jutsu au Dō

Texte extrait de "Le souffle du Budō" aux Éditions Bod.

L'*Aïkidō* est né des différents arts martiaux pratiqués par Moriheï Ueshiba (1883-1969), qu'il a synthétisés en y apposant sa philosophie et ses croyances religieuses.

L'un d'eux est le *Daïtō Ryu Aïki-Jujutsu* qu'il a étudié auprès de Sokaku Takeda (1849-1943).

Bien que Moriheï Ueshiba précise que son terme *Aïki* n'a pas le même sens que par le passé, le sien étant orienté vers l'Harmonisation et l'Amour, les similitudes des techniques du *Daïtō Ryu Aïki-Jujutsu* et celle de l'*Aïkidō* sont évidentes.

Le terme *Jutsu*, traduit souvent par technique, évoque une finalité guerrière et destructrice à l'opposé de la volonté pacifiste du *Dō*, la Voie, de l'*Aïkidō*.

Si les origines du Daïtō Ryu remontent dans le lointain Japon médiéval, l'*Aïkidō* est né à une autre époque où il n'est plus question de cultiver l'art de la guerre mais de permettre à l'Homme de trouver matière à se réaliser en tant qu'être dans la société, à s'épanouir et à trouver sa juste place entre Terre et Ciel.

Déjà, dans la culture japonaise, et bien avant l'ère *Meïji*, il est question de se cultiver et de s'épanouir, certes en respectant les règles de vie d'une société féodale.

L'étude d'une Voie martiale, par ses aspects pluridimensionnels, permet aussi cet épanouissement au même titre que d'autres voies : *Nō* (théâtre), *Sadō* (cérémonie du thé), *Shodō* (calligraphie)…

La pratique a donc pris un autre sens que la simple préparation au combat.

Sans les nécessités de ce dernier, il est possible d'adapter les techniques suivant ce nouveau cahier des charges, tout comme les arts sportifs de combat délaissent les techniques amenant une disqualification, comme les coups aux parties génitales pour ne citer que cet exemple.

Il existe alors un risque de s'engager dans des voies qui s'éloignent de l'objectif martial, dans des voies sportives et compétitives, ou dans des voies plus artistiques pour les disciplines n'étant plus amenées à pratiquer le *Shiaï* *. L'*Aïkidō* fait partie de ces dernières.

Cette dérive possible n'empêche pas l'atteinte de la finalité moderne : la réalisation de soi. Mais le chemin emprunté est tout autre. Sur ce chemin existe l'illusion de l'efficacité technique, d'autant qu'elle n'est plus éprouvée en combat réel ni en forme de combat s'y rapprochant.

Pour le pratiquant désirant suivre les pas sur la voie tracée par Ô Senseï Ueshiba, la transmutation du *Jutsu* en Dō ne doit pas l'éloigner de la Voie Martiale.
Mais il ne s'agit pas non plus de revenir aux techniques du passé. La technique en *Aïkidō* doit alors s'exécuter avec *Jutsu,* sous la bienveillance du *Dō.*

Daïtō Ryu Aïki-Jujutsu est un art martial japonais considéré comme la source des formes techniques de l'Aïkidō.

Jutsu désigne la technique dans les arts de guerre japonais nommés Bujutsu (Bu : guerre).

Meïji ou Meïji Jidaï : dans la chronologie japonaise, ère qui va de 1868 à 1912. Elle met fin à la politique d'isolement volontaire du Japon et est le début d'une politique de modernisation. C'est pendant cette période que se situe le basculement du système féodal vers celui de l'industrie à l'occidentale.

Shiaï : compétition visant à vérifier les acquis techniques en situation de combat.

水

Sui (l'Eau)

Les temps ont changé

De nos jours, nous avons accès facilement à toutes sortes d'informations en un clic de souris. De nombreux enseignements sont diffusés sur Internet, que ce soit par vidéos ou sur des blogs spécialisés.

Si l'on peut dire que les progrès technologiques nous ont fait faire un grand bond en avant, nous devons aussi faire le constat que les usages qui en sont faits ne sont pas en accord avec la pratique d'un art martial. Certains affirment que les arts martiaux doivent évoluer aussi, et qu'il faut adapter les contenus aux nouveaux supports qui s'offrent à nous.

Cependant, dans la pratique d'un art martial, rien ne peut remplacer la pratique. Rien !

L'art martial requiert un travail sur le corps et l'esprit, et ce travail ne peut se faire que dans le cadre de la pratique, car l'interaction corps-esprit et son développement passent par la pratique elle-même.

Les livres, les vidéos et autres supports ne sont que des outils complémentaires.

Certes, nous nous devons de nous adapter à notre

époque et conserver notre capacité d'évolution, mais si, pour survivre, nous devons renier notre essence-même, alors autant mourir et disparaître.

À notre époque où nous pouvons partager si facilement les enseignements, il est regrettable de trouver une grande majorité de pratiques qui contiennent de nombreuses lacunes.
Beaucoup de démonstrations, le plus souvent faites par des jeunes enseignants ou parfois même par des *sensei* déconnectés de la réalité martiale, ressemblent à un ersatz de pratiques exempt de *Ki*.

La faute revient indéniablement aux anciens (pas tous, bien entendu) qui n'ont pas su transmettre. Elle revient aussi aux professeurs qui ont reçu une formation partielle et qui ne se sont pas donné les moyens de la compléter.

Il faut comprendre que la plupart des *sensei* qui ont participé à la diffusion des pratiques, parfois en se positionnant comme chefs de file, n'étaient pas encore totalement formés. Dans un souci de développement des fédérations, les niveaux requis pour enseigner ont été bien faibles en regard des exigences des titres et diplômes japonais qui requièrent des grades élevés.

Alors que j'avançais ces arguments lors d'une

discussion, un pratiquant m'interpella en vociférant à qui veut bien l'entendre que son maître était déjà un très grand maître trois ou quatre décennies plus tôt.

Je lui demandais alors si son maître avait tout de même évolué depuis. Il répondit fièrement qu'il ne pouvait en être autrement. Je lui rétorquais que si son maître avait évolué et était meilleur aujourd'hui, il devait admettre que ce dernier était donc moins bon avant.

Et par conséquence, que les connaissances de ce dernier étaient moindres trente ans plus tôt.

C'est bien avec ce bagage incomplet que de nombreux enseignants ont été formés. Et ont formé d'autres enseignants à leur tour.

Il est alors facilement compréhensible que, faute d'une pratique assidue et d'une formation continue, des enseignements n'ont pas été transmis et que d'autres se sont perdus.

De plus, avec les politiques de développement de la pratique et dans un contexte de guerre fédérale, les fédérations françaises d'*Aïkido* ont formé de nombreux jeunes enseignants qui ont ouvert de nombreux club. Ainsi, nous avons augmenté en nombre, mais au détriment de la qualité.

J'ai fait partie de ces jeunes enseignants. À la différence de nombre de mes confrères qui ont dû remplacer leur temps de pratique par des temps d'enseignement, j'ai voulu rajouter des temps d'enseignement à mes temps de pratique, qui étaient déjà au nombre de quatre séances hebdomadaires.

Au fur et à mesure de la progression de mes clubs, les heures de pratique ont été remplacées par des heures d'enseignement. J'ai alors augmenté considérablement mes heures de pratique en stages, si bien que je m'y rendais un week-end sur deux en moyenne, tout en cumulant deux à trois heures d'enseignement journalier, du lundi au samedi.

C'est ainsi que je décidais de devenir enseignant professionnel afin de pouvoir continuer à pratiquer sur ce rythme. Voilà maintenant plus d'un quart de siècle que je dispense dix-sept à vingt heures d'enseignement hebdomadaires.

A l'occasion d'une discussion avec un enseignant quelque peu jaloux de ma progression, je fis le calcul qu'en dix années j'avais cumulé un nombre d'heures que lui n'atteindrait qu'en quarante ans. Il était alors normal que ma progression fût plus rapide que la sienne.

Je lui fis aussi remarquer que, pendant la période pendant laquelle il pourrait éventuellement tenter de rattraper ce nombre d'heures, je continuerais de mon côté sur mon rythme.

Cependant, cumuler des heures ne garantit pas la qualité ou l'intensité qui priment sur la quantité.

Ce choix de devenir professionnel et de passer le plus clair de mon temps sur les *tatami* fut lourd de conséquences.

J'ai perdu de nombreux amis qui, lassés de me voir décliner leurs invitations parce que toujours en cours ou en stages, ont fini par me rayer de leur liste d'invités.

Financièrement, ce choix ne m'a pas rendu non plus la vie facile, mais c'est un choix que je ne regrette pas car la richesse est ailleurs, elle emplit ma vie, et faire ce que l'on aime n'a pas de prix.

La plupart des enseignants n'ont pas fait ou pas pu faire ce choix. Je comprends leur raison et ne les juge point. Certains par ailleurs ont connu une belle progression car fort heureusement il n'est pas nécessaire d'être professionnel pour pratiquer en qualité.

Et ceux qui ont fait le choix d'un enseignement de qualité ont continué leur formation technique et la plupart ont validé des grades élevés, non sans effort et persévérance.

Aujourd'hui les temps ont changé. On ne fait plus huit à dix heures de trajet pour un stage de quatre ou cinq heures de pratique. Et l'époque encore plus lointaine où les anciens allaient parfois confronter leur pratique après une soirée parfois alcoolisée auprès de dockers est révolue, comme celle où le *dojo* de Maître Ueshiba était surnommé le *dojo* de l'enfer.

S'il ne s'agit pas de faire revivre le passé, nous ne pouvons cependant pas nous couper de nos racines.

Si nous voulons nous élever plus haut, nous ne pouvons pas ignorer d'où nous venons. Et si nous voulons aller plus loin, nous ne pouvons pas non plus nous satisfaire d'une pratique aseptisée.

Qu'est-ce qui pourrait redorer le blason de l'*Aïkidō* ?

Ne serait-ce justement le fait de renouer avec son essence ?

Ne serait-ce promouvoir une renaissance de l'*Aïkidō* rattachée à ses valeurs originelles ?

Peut-être devrions-nous adapter le contenant pour qu'il soit plus visible et plus attractif. Mais nous devons tout autant soigner le contenu qui se doit d'être rigoureux et empli de sens.

   Le vingt et unième siècle sera avec ou sans l'*Aïkido*. Je souhaite qu'il soit avec. Même si c'est avec un nombre réduit de pratiquants, si cela s'accorde à une revalorisation en qualité de la pratique et donc de l'art martial lui-même.

Ka (le Feu)

Dō, la Voie

Qu'est-ce que la Voie des arts martiaux ?
Qu'entendons-nous par Voie ?
Et comment y cheminer ?

Dō, Michi ou *Taō* sont la prononciation du même idéogramme selon qu'il est lu en japonais ou en chinois. Il peut se traduire par chemin, sentier ou route.

Cet idéogramme renvoie à la philosophie issue du Taoïsme et est empreint de confucianisme. Il nous invite à une réflexion bien plus profonde que le simple fait de « marcher » et nous interroge sur le sens de notre quête et le devenir de notre Être.

La classification des arts martiaux en disciplines cloisonnées invite le néophyte à voir derrière le terme Dō une simple appellation (*Judō, Aïkidō, Kendō, Iaïdō, Karatédō,…*) qui caractérise les différentes pratiques souvent considérées comme un simple " sport " de combat. Ainsi en est-il parfois pour le débutant qui s'engage dans une étude en s'y adonnant quelques heures par semaine.

Quelques années plus tard, le pratiquant n'est plus entouré que de quelques *Do-ai* (compagnons d'étude) dont la plupart ont arrêté la pratique faute de pouvoir s'investir dans la pratique. Si pour lui l'étude continue, il commence à réaliser que celle-ci sera sans fin.

L'esprit de découverte laisse place à la volonté de progresser. Malgré les nombreux doutes et remises en question auxquels le pratiquant se heurte, il garde un esprit curieux et émerveillé (Shoshin).

À ce stade de progression, une transformation s'est opérée chez le pratiquant. Les techniques ont commencé à forger le corps (utilisation spécifique des muscles, transmission des influx nerveux…) mais aussi à développer le mental (concentration, intention, volonté…).

Encore quelques années plus tard, l'adepte s'est familiarisé avec les principes techniques qu'il met en pratique avec aisance. Il connaît le répertoire technique pour en avoir fait le tour plusieurs fois avec les relectures qui s'imposent à chaque étape de la progression.

Pourtant il n'est pas lassé par sa pratique. C'est avec un grand enthousiasme qu'il rejoint le *tatami* (tapis de sol japonais, par extension la surface de travail). Il connaît les bienfaits de la pratique sur le corps et l'esprit.

L'adepte s'est vu modeler l'esprit par les principes véhiculés par sa discipline.

Il n'en est pas pour autant formaté : il est éveillé, libre de suivre les préceptes qui résonnent avec les fondements de son Être.

Sa ligne de conduite déteint positivement sur son comportement avec sa famille, ses proches, amis, relations de travail, ainsi que sa perception de l'Autre en toute circonstance.

À ce stade, il est impensable d'envisager l'arrêt de la pratique car elle fait partie intégrante de la vie du pratiquant engagé sur la Voie.

La notion de Voie implique que, simultanément à la pratique d'une discipline martiale, on dépasse le champ même de l'étude, car elle transforme l'Être et lui permet de s'accomplir sur le chemin de la vie.

" La Voie, c'est le temps de la vie,
depuis la naissance jusqu'à la mort…

À partir du moment où l'on parle de Voie, il y a une direction ou un objectif. Elle comporte des pentes ascendantes et descendantes. Chacun parcourt cette Voie, mais elle ne s'impose pas à la conscience et il est facile de se disperser dans le temps qui passe…

...

Chaque être humain a la possibilité, en élevant sa valeur humaine, de changer la qualité de son être, d'atteindre une valeur qui se confond avec une forme de perfection, d'absolu. " [1]

Ces quelques phrases de Kenji Tokitsu résument parfaitement ce qu'est la Voie : un engagement volontaire pour un désir absolu de l'Absolu.

1- Budō, le Ki et le sens du combat. Kenji Tokitsu. Éditions Budō

Plus concrètement, essayons de qualifier ce qu'est la Voie.

S'engager dans la voie ne peut être une action à prendre à la légère. Le nombre d'abandons que l'on peut recenser témoigne de la difficulté de conserver une ligne de conduite qui va bien au-delà du fait de s'entraîner ou de pratiquer un art martial. Il faut y ajouter la volonté de maintenir une conduite empreinte de valeurs humaines dont les bénéfices contribueront au bien-être du pratiquant.

" La véritable noblesse s'acquiert par les actes. Actes de bravoure, actes de témérité, actes de courage remplissent les histoires chevaleresques aux quêtes glorieuses.

Si la réalité est très largement dépassée par les contes et les légendes, elle contient cependant un désir de justice et un espoir d'avenir, le plus souvent alimentés par les rêves innocents d'une jeunesse inconsciente....

Fort heureusement, il reste en quelques hommes des rêves de grandeur d'âme. Réaliser ces rêves n'est pas chose facile et se mettre en quête s'apparente alors à une nouvelle forme de croisade. " [1]

À l'instar du Bushi-Dō, code d'honneur du guerrier japonais, qui représente une sorte d'idéal du code chevaleresque, le pratiquant trouvera les bases des règles de "bienséance" dans le *Reigi, Reishiki ou Reigi Sahō*, termes désignant les " règles de comportements et de courtoisie ", où les valeurs véhiculées s'accordent avec celles de vie commune basée sur le respect : respect entre les individus, respect des lois en vigueur, respect de la hiérarchie.

1- Souffle du Budō, ou chronique d'un budoka en quête de l'être. Marc Senzier. Éditions B.o.D.

" L'équilibre est nécessaire à la cohésion d'un individu, d'un groupe, d'une société. Là est le ciment qui a permis aux *Bushi* japonais la résolution de ce paroxysme : les préceptes du *Bushidō* équilibrent les tensions et harmonisent l'homme et son passé par une justification socio-politico-religieuse.

Les actes guerriers s'inscrivent alors comme nécessaires au maintien de l'ordre et se justifient parce qu'ils sont au service de la collectivité, ajoutant ainsi à la sensation de don de soi, comme le prescrivent les préceptes dispensés, qu'ils soient philosophiques, spirituels ou religieux. ...

Héritier du *Bu-Jutsu*, le Budō a la force et le pouvoir de concilier le passé et le présent. Il permet ainsi de renouer avec l'idéal chevaleresque. Aucun art guerrier n'avait jusqu'à lors adopté la spiritualité à un aussi haut degré. " [1]

1- Souffle du Budō, ou chronique d'un budoka en quête de l'être. Marc Senzier. Éditions B.o.D.

Les valeurs véhiculées par ces "codes" doivent aussi s'accorder aux valeurs portées ou voulues par le pratiquant.

Ou inversement, le pratiquant adopte ces règles qu'il fait siennes comme dans le film "Ghost Dog" [1] où un tueur à gages afro-américain vit selon les préceptes du Hagakure[2], code qui régit la vie des samouraïs du Japon médiéval.

Les règles n'ont cependant pas pour but de brider le pratiquant. Elles l'invitent à apprendre à bien se comporter avec les autres, tout en se dépassant dans et par l'effort. Et, parfois même, à se sacrifier pour un bien supérieur à celui de sa propre personne.

Le dépassement de soi est un objectif pour le pratiquant engagé sur la Voie.

Se dépasser c'est aussi savoir repousser ses propres limites. Cela passe par l'apprentissage et le perfectionnement des techniques.

1- Ghost Dog : La Voie du samouraï de Jim Jarmusch – 1999

2- Hagakure ou " caché sous le feuillage " est une compilation des pensées et enseignements d'un samouraî qui date du début du 18e siècle

" La maîtrise complète et parfaite de la technique est l'un des aspects de l'*Aïkido* car elle élève l'homme, l'aide à se libérer de son Ego et lui permet de percevoir l'infini de son devenir vers la perfection. " [3]

Pour pouvoir repousser ses propres limites, il est nécessaire de les connaître. Les découvrir, c'est se découvrir soi-même avec un regard critique. L'Ego peut ici masquer la vérité pour ne pas avoir à faire face à la réalité et il faudra parfois, voire souvent, se confronter à soi-même.

Se connaître : c'est permettre d'accéder à une connaissance universelle.

Comme le dit l'inscription du Temple de Delphes :

" Connais-toi toi-même et tu connaîtras l'univers des Dieux ".

3- Initiation, Christian Tissier, Éditions SEDIREP

Dans les religions du Japon, il n'y a pas une limite infranchissable entre l'Homme et Dieu, et tout être peut accéder à un état de *Kami* (divinité), à l'instar des ancêtres disparus. Ceci est d'une importance capitale, car cela sous-entend une promesse qui est en l'homme : identique au trésor divin que le dieu hindou Brahma voulait dissimuler aux yeux des hommes en le cachant dans leur cœur, dernier endroit où ces derniers le chercheraient.

" L'étymologie de *Shizentai,* 自然体, position naturelle du corps, nous révèle un secret qui n'en est pas un :

- *Shi* 自 se traduit par soi, privé, personnel,

- *Zen* 然 par promesse ou engagement,

- *Taï* 体 c'est le corps.

Ainsi l'intention, le potentiel d'action est déjà en nous. Pour mettre en œuvre cette promesse, il nous faut réunir l'intention et l'action en tant qu'énergie et moyen. " [1]

Il n'est donc pas vain d'avancer vers un paradis et d'agir dès maintenant en pesant ses actes et ses comportements sur la balance de sa propre conscience.

" Malgré les pièges, malgré les efforts nécessaires et l'engagement demandé, chacun de nous possède en lui la capacité à trouver la Voie du *Budō*. Dès lors que l'étincelle est créée, le Budō-Ka doit alimenter sans cesse le feu de la forge alchimique où il est à la fois forgeron et ouvrage. " [1]

Le *Dō* est une tension vers l'amélioration de Soi.

Au travers d'une pratique martiale, le *Budō* nous invite à pratiquer corps et âme en progressant sans cesse et sans relâche.

" Sur la Voie,
ni devant ni derrière,
toujours vers l'avant,
l'effort au présent." [2]

Ainsi chemine-t-on sur la Voie.

1- Souffle du Budō, ou chronique d'un budōka en quête de l'être.
Marc Senzier Éditions B.o.D.
2- Poème de Marc Senzier

Fū (le Vent)

Une voie sans *Ki*

Alors que je n'étais qu'un jeune *Shodan*, premier *Dan,* j'avais participé à un stage d'*Aïkido* animé par deux experts haut-gradés.

Avec plusieurs de mes *Doaï* (compagnons) nous mettions tout notre cœur à reproduire avec vigueur et enthousiasme les formes techniques proposées, ce qui nous procurait un sentiment de réussite. Les deux experts nous observaient avec attention et l'un d'eux commenta : « Ils sont tous décentrés ! ». Je ne me souviens pas exactement des termes employés par le second, mais il acquiesça.

Si cet épisode fut pour moi comme un coup de tonnerre dans un premier temps, il fut la source d'une grande motivation pour définir et préciser les notions de centre et de centrage.
Je compris aussi qu'ils observaient non pas ce que nous faisions, mais comment nous mettions en œuvre la réalisation d'un geste technique dans la pratique de l'*Aïkidō*.

Plus de trente ans après, avec plus de vingt mille heures de pratique, je sais aujourd'hui que ma lecture des mouvements et des formes de corps a fortement évolué.

Mon expérience et ma pratique m'ont permis d'ouvrir et élargir mon champ de conscience et d'affiner mon sens de l'observation.

Je constate souvent que les techniques sont encore appliquées avec trop de force, et ce par de trop nombreux pratiquants. Parfois même par des enseignants qui démontrent des mouvements sans la mise en œuvre des principes techniques qu'ils énoncent pourtant.

A priori, exécuter un mouvement « en laissant couler le *Ki* » n'est pas au programme de toutes les études, voire tout simplement oublié.

Au vu des grades affichés et délivrés par la *CSGDE* nationale, Commission Spécialisée des Grades Dan et Équivalents, puisque tout autre grade non délivré par cette commission n'est pas officiel en France, il semble possible de pratiquer jusqu'à un « très haut niveau » sans se soucier du *Ki*.

Ainsi l'*Aïkido* peut alors être une voie sans *Ki*.

La pratique de l'*Aïkido* ouvre pourtant une porte vers la compréhension du *Ki* qui n'est ni mystique, ni mystérieux.

Il faut des années de pratique pour que le corps digère ce que l'intellect croit comprendre. La simple pratique "sportive" ne le permet pas. Il faut alors aller chercher une résonance en Soi et en l'Autre, ce qui n'est possible que si l'Esprit accompagne la pratique.

La Voie quant à elle n'est ni facile, ni difficile. Elle réclame seulement courage et assiduité.

Une pratique coupée de son essence

Les raisons pour lesquelles la notion de *Ki* a été délaissée au profit de la technique « technicienne » sont nombreuses.

Je ne les détaillerai pas et je n'en évoquerai ici que quelques-unes :

- Le *Ki* est une notion difficile à appréhender.

- Elle l'est encore plus lorsque le doute s'installe et que l'on considère sa pratique comme liée à un mouvement sectaire, comme ce fut le cas à une certaine période.

- La non-compréhension de cette notion ainsi qu'une mise en application déformée ont incité de nombreux pratiquants à l'éluder pour ne pas avoir à s'y confronter.

Nombreux sont les techniciens qui ont privilégié le développement des formes techniques. Experts pour certains, ils ont poussé l'étude des techniques jusqu'à les décliner, les réciter et parfois en faire l'objectif unique de la pratique.

Cette tendance à étudier la technique uniquement du point de vue technique, sans englober la notion d'énergie, a contribué à ce que la majorité des pratiques des arts martiaux paraissent aujourd'hui majoritairement vides de sens.

Pour la plupart, elles ont perdu la connexion avec ce qui constitue l'essence de la pratique du *Budō,* dont la particularité n'est pas dans sa forme mais bien dans son fond.

Cela est d'autant plus observable dans la pratique de l'*Aïkidō.*

Coupé de ses racines, il n'est qu'un reflet éloigné et déformé de sa réalité.

Tel un arbre aux racines affaiblies, son tronc dépérit et ses branches sèchent sans espoir de le voir porter de nouveaux fruits.

Pour un pratiquant désireux de progression, il est plus qu'essentiel de renouer avec l'essence de l'*Aïkidō,* et du *Budō* plus généralement. Il doit alors renouer avec les racines, le contexte culturel et philosophique dans lequel l'art martial s'est forgé.

Il ne s'agit pas cependant de revenir en arrière, ni de succomber à la nostalgie d'un temps qui n'a en fait peut-être jamais existé que dans l'imaginaire collectif.

Tout pratiquant désireux de comprendre le *Budō* devrait commencer par s'intéresser a minima au *Shintō. P*lus particulièrement les pratiquants d'*Aïkidō*, afin de comprendre le cheminement de Moriheï Ueshiba qui fît évoluer la pratique d'un art de guerre pour le transformer en Voie de la paix.

Il ne s'agit pas de pratiquer le *Shintō*, mais de bien comprendre ses fondements et, pourquoi pas, de les assimiler.
De même, élargir ses connaissances au Zen et au Bouddhisme permettra de mieux cerner l'esprit japonais et comprendre les valeurs véhiculées par le *Budō*.
Il en est de même pour le *Shugendō*, les *Tengu*, les *Kami…*

Shintō : litt. « la voie des dieux » est une religion du Japon mêlant des éléments animistes et polythéistes.

Le zen est une branche japonaise du bouddhisme dont la pratique est basée sur la méditation dans la posture assise zazen.

Le shugendō est une tradition spirituelle ancestrale du Japon. Il prône l'ascétisme, la vie en montagne et le rapport entre l'Homme et la nature qui est primordial. Il inclut d'autres enseignements de philosophie orientale comme l'animisme, le shintoïsme, le taoïsme ou le confucianisme. Il vise à développer les « pouvoirs spirituels » par la pratique (dō) de l'ascèse.

Les Tengu : ce sont des créatures légendaires de la religion populaire japonaise et sont aussi considérés comme des dieux shintō (kami) ou comme des yōkai (spectres). Ils prennent la forme de rapaces et sont traditionnellement représentés avec des caractéristiques à la fois humaines et aviaires. Parfois considérés comme des démons perturbateurs, parfois comme des protecteurs ou des messagers, ils sont aussi associés au shugendō.

Kami est le terme utilisé pour désigner une divinité ou un esprit vénéré dans la religion shintoïste. Ils peuvent être des éléments de la nature, des animaux ou des forces créatrices de l'univers comme les esprits de défunts.

Il ne s'agit pas cependant de chercher à pratiquer « comme un Japonais ».

Aujourd'hui, nombreux sont les Japonais qui se sont coupés des racines religieuses et considèrent le *Shintō* et le *Ki* comme les reliquats d'expressions démodées de rites anciens ou de croyances non fondées.

De par ce fait, la différence de pratique populaire du *Budō* entre un Japonais et un non-Japonais tend à disparaître et nous ne pouvons que constater que le nivellement se fait par le bas.

Novice, j'interrogeais un de mes *sensei* sur la notion du *Ki*. « Pratique et, peu à peu, les réponses viendront d'elles-mêmes. » me répondit-il.

Ma connexion avec ce professeur me permit de comprendre qu'une partie de la réponse se situait dans le non-verbal.

La connaissance et la conscience du *Ki* se situent en effet bien au-delà des mots.

Sensei : litt. « né avant » désigne un professeur ou une personne ayant une connaissance ou une expérience avancée.

Un autre professeur me fit la même réponse. Mais dans son cas, il s'agissait d'esquiver le sujet. Bien que ses techniques fussent élaborées et d'une efficacité observable de prime abord, il était évident que sa pratique n'intégrait pas la notion de *Ki*.

Sa pratique manquait de saveur. Bien que dense, elle paraissait vide et, manifestement, elle manquait de profondeur.

Aussi, je compris très tôt qu'il était possible de pratiquer avec ou sans la perception de cette énergie que l'on nomme *Ki*. Il était possible de pratiquer toute une vie sans toucher du doigt cette notion et donc encore moins la développer.

Il est certes difficile de l'aborder, car au-delà du fait que sa compréhension se situe dans le non-verbal, son expression se situe dans le non-visible, c'est-à- dire au-delà de notre perception habituelle des choses qui constituent notre vie routinière quotidienne.

De plus, le *Ki* n'a pas de forme, d'odeur ni de saveur. Il n'est pas perceptible par nos cinq sens communs.

Pour commencer à le percevoir, nous devons l'aborder par le sens du toucher, et ce pendant toute la période de l'apprentissage qui peut durer de nombreuses années.

La pratique avec un partenaire et l'apprentissage des techniques sur des attaques en forme de saisie sont en effet essentielles.
[En Aïkido, deux formes d'attaques sont travaillées : les attaques en saisie et les attaques en frappes, ces dernières le plus souvent à mains nues mais parfois avec une arme comme un couteau, un sabre, un bâton…]

Le travail sur saisie est d'une importance capitale car il permet de ressentir physiquement les forces et tensions. Ces dernières utilisent souvent trop de force musculaire au début de l'apprentissage.

Pour les pratiquants plus avancés, la recherche d'une juste utilisation biomécanique du corps dans la non-opposition à la force adverse permettra de développer l'alliance souplesse-fermeté nécessaire et indispensable à la circulation du *Ki*.
En abandonnant le couple rigidité-dureté, très souvent caractéristique du débutant, la pure force physique brutale laisse place à la densité.

Avec l'expérience vient ainsi le moment où il l'on peut percevoir et ressentir le *Ki*, le sien comme celui du partenaire. Il est ensuite possible de l'observer dans les formes de corps, les postures et les mouvements. Il sera possible de le ressentir au-delà même du toucher.

Si le *Ki* se situe dans le non-verbal, il n'est pas coupé du son et de la vibration.

Dans l'enseignement de Morihei Ueshiba, les mouvements s'accompagnaient de l'articulation de sons, les *Kotodama*, qui sont aussi l'expression de cette énergie primordiale qu'est le *Ki*.
Rares sont ceux qui pratiquent aujourd'hui cette méthode car les enseignements se sont perdus.

C'était pourtant un point fondamental pour le fondateur :
> *« L'Aïkidō est une méthode de fusion avec kototama, l'esprit de l'univers. »*
> *Morihei Ueshiba*

Si cette pratique a été délaissée, nous retrouvons son essence dans l'expression du *Ki-Aï* *, sorte de cri de combat qui précède ou accompagne une attaque ou une technique.
Utilisé pour marquer une volonté d'action ou pour perturber la concentration de l'adversaire, il permet de concentrer le *Ki* par une utilisation simultanée du corps et du souffle, ce dernier étant nécessaire pour pouvoir émettre un son.

Le Ki-Aï est utilisé dans la pratique du *Kendō*, du *Karaté-dō*, de l'*Aïkidō* et de bien d'autres pratiques encore. *Connu parfois comme le « cri qui tue », il s'agit d'une extension du Ki par l'extériorisation du Kokyu-ryokyu (souffle-énergie) où toute l'énergie du pratiquant est concentrée dans un seul mouvement.*
Il provoque la contraction simultanée de la plupart des muscles du torse et de l'abdomen et développe la force, la durée et la maîtrise de la respiration.

Kotodama : « mots-âmes » ou « paroles sacrées » que l'on peut rapprocher des mantras bouddhiques. Ils sont utilisés dans la religion shintō (Noritō).

Malgré une expérience dans d'autres domaines liés à l'énergie universelle, j'étais incapable au début de ma pratique de toucher la réalité du *Ki*.

Tous les mots utilisés pour tenter de le définir ne faisaient que réduire son expression. Au-delà du travail corporel et technique, Il me fallut travailler aussi spirituellement.

Car, pour qui le veut bien, l'*Aïkidō* est *Michi*, un chemin qui nous guide jusqu'à la notion de *Dō* en tant que voie de réalisation et d'accomplissement de l'Être. *Dō* reste indissociable de la pratique d'un *Budō*.

Sans ce cheminement, ce double cheminement, externe pour la technique et interne pour l'aspect spirituel, le *Ki* reste une notion abstraite et resterait ainsi considéré comme une croyance d'une autre époque, tout comme le sont aujourd'hui les rituels que Morihei Ueshiba intégrait dans sa pratique, dont *Kotodama* entre autres.

Dō signifie « voie », « chemin », « route ». Il désigne un concept philosophique proche du Taō chinois. Opposé au Jutsu (techniques guerrières), il oriente la pratique du Budō vers la paix et l'harmonie.
Michi est une autre prononciation de l'idéogramme Dō.

Kū (le Vide)

Le Ki dans l'Aïkidō

Qu'un faible puisse remporter la victoire sur un fort est une possibilité induite par les principes de l'*Aïkidō.*

La non-opposition, le retournement de la force de l'attaquant contre lui-même et l'utilisation correcte du corps sont les prérequis pour permettre d'activer le *Ki* qui peut dépasser le potentiel de force d'un adversaire.

Comme je l'ai souligné, le *Ki* est souvent ignoré et reste aujourd'hui fréquemment un tabou dans les courants officiels.

Jeune pratiquant, on m'a souvent répondu qu'il ne fallait pas le chercher spécifiquement, qu'il était inclus dans la pratique et que les questions trouveraient leur réponse en temps voulu.

> « Pratique en respectant les principes et, que tu en parles ou non, de toute façon il se mettra en œuvre naturellement. »

Si le naturellement vient bien plus facilement avec trente-cinq ans de pratique, le temps et la durée ne sont pas les seules données car on peut pratiquer toute une vie en passant à côté de l'essentiel.

Qu'est-ce que le *Ki* ? Peut-on le développer ? Comment l'activer dans la pratique ?

L'Énergie, le souffle vital est une force en rapport avec l'essence de la vie. Elle peut être considérée comme un principe qui active l'univers. Source de vitalité, elle assure la cohésion des êtres et des choses.

On la nomme *Ki, Chi, Prâna, Ankh, Pneuma, Spiritus* ou l'Énergie Vitale.

Selon feu Nobuyoshi Tamura :

« Énergie potentielle du corps, le *Ki* prend son essence dans la vie même et ses manifestations sont diverses : volonté, endurance, pouvoir de persuasion, puissance vitale.

L'utilisation de ce courant énergétique consiste, dans les techniques d'*Aïkidō*, à laisser couler le Ki le long des bras en le projetant à l'extérieur par le bout de chaque doigt, comme l'eau circule dans un tuyau pour jaillir à l'extérieur, à son extrémité. L'art de tirer parti de cette puissance intérieure permet alors de canaliser et de dominer la force agressive de l'adversaire.

L'esprit guide le corps et seule la parfaite coordination des capacités mentales et des moyens physiques permet d'utiliser le *Ki.*

Sans intervention de l'esprit, la résistance physique s'oppose uniquement à la puissance adverse et la plus grande des deux forces l'emporte. La puissance de l'esprit multiplie les possibilités physiques en les entraînant dans un flot énergétique qui englobe et submerge la force brutale de l'adversaire. Le corps et l'esprit se confondent alors pour exécuter le mouvement.

Base de la coordination mentale et physique, le point central constitue le foyer de concentration de toutes les énergies.
Il est situé à deux doigts (centimètres) environ sous le nombril. Point d'importance pour les orientaux, il est appelé *Seika Tanden* (centre) par Kisshomaru Ueshiba Senseï.

C'est la concentration du *Ki* sur le point central qui permet l'explosion et la libération de l'énergie potentielle à travers les lignes directrices naturelles du corps comme les bras et les jambes. » [1]

1- Aïkido, Étiquette et Transmission. Nobuyoshi Tamura, Éditions du Soleil Levant

Pour tenter de *comprendre** le *Ki,* il faut tenter de le replacer dans son contexte culturel d'origine.

Le mot *Ki* au Japon est fréquemment utilisé, mais rarement tout seul :

- *Gen Ki, c'est le* bon *Ki,* qui signifie bonne santé
- *Byo Ki, Ki malade, c'est la* maladie
- *Ki Ni Iru,* entrer dans le *Ki, c'est* plaire
- *Ki Mochi,* posséder le *Ki,* sentiment, humeur, état d'esprit)
- *Ki Fu,* le vent du *Ki,* disposition d'esprit

Le *Ki* est immatériel, il est l'essence de toute chose. Il est la manifestation de la vie.

Chaque être reçoit du *Ki* à sa naissance : s'il accorde son *Ki* avec le *Ki* universel, on dit que sa santé sera bonne.

* L'étymologie de comprendre est : prendre avec soi

Selon Taisen Deshimaru :

« Dans les arts martiaux comme en *Zazen*, si ni la posture ni la respiration ne sont bonnes, il est impossible d'avoir un bon *Ki*.
Il faut toujours que la puissance énergétique, la force, la conscience s'harmonisent sans tension pour que le *Ki* soit fort : une respiration correcte harmonise tout cela et alimente le *Ki,* qui est l'énergie vitale. » [1]

Et, en parlant de *Zazen*, mais on peut appliquer cela à *Seïza,* et par extension au corps qui a une posture correcte :

« L''expiration crée la liaison qui équilibre la conscience et la posture. Cette activité déclenche l'impulsion équilibrante entre les muscles, les nerfs, l'hypothalamus et le thalamus.
Entre l'esprit et le corps, l'esprit et la posture, l'esprit et la technique, la respiration établit la liaison. Finalement, posture et respiration s'unifient. La respiration devient *Ki* (l'énergie, le ressort), comme le *Ki* d'*Aïkidō*.» [1]

1 -Zen et arts martiaux, Taisen Deshimaru. Éd. Albert Michel

Et, pour Christian Tissier :

« la pratique doit être la plus précise et la plus rigoureuse possible, un mouvement effectué en force avec les épaules bloquées ou les hanches mal placées ne permettra pas d'accéder à la sensation du Ki et à son écoulement. »[1]

Il ajoute que la position des mains, des hanches comme des coudes débloquera le corps et lui assurera la plus grande possibilité de souplesse, de puissance et de sensation.

« Longue et difficile pratique, l'état de concentration effective nécessite un contrôle sévère de l'esprit et une attitude correcte du corps. Des épaules basses, des bras souples, un esprit calme caractérisent la stabilité et permettent la complète coordination de la concentration mentale et de la force physique. A l'inverse, des épaules relevées, une poitrine gonflée et un esprit flottant sont synonymes de déséquilibre. »

Ainsi seule une bonne posture permet la bonne respiration, qui créera la vibration et libérera le *Ki*.

1- Aïkido Fondamental, Christian Tissier, Éditions SEDIREP

Dans le travail de l'*Aïkido*, celui du *Taï Chi* et d'autres encore, la souplesse est la pierre angulaire de toute progression.

La première étape est la suppression de la force rigide par relâchement et décontraction, pour acquérir la souplesse nécessaire à l'apprentissage technique. Vient ensuite le travail sur la densité, à ne pas confondre avec la force rigide.
Cette étape permettra de réaliser les techniques de manière rigoureuse.

La dernière étape sera le travail d'alliance entre souplesse et densité, permettant un accès à l'énergie interne.

Pour libérer ce *Ki* potentiel qui est en nous, il faut donc commencer par relâcher le corps.
Il est indispensable de rechercher une gestuelle correcte avec le moins de tensions possible, afin de permettre au *Ki* de circuler.

Ce ne sera possible que si cela s'accompagne du relâchement de l'esprit. Il ne s'agit pas de se laisser aller ou de sombrer dans la mollesse, mais de lâcher son intellect et de s'ouvrir aux possibles.
Si la curiosité est dite un vilain défaut, elle est nécessaire ici à l'ouverture de l'esprit.

Une fois la tension du corps apaisée et l'attention de l'esprit retrouvée, il faut s'appliquer à réaliser *Waza* (la technique) avec un corps souple et l'esprit curieux.

Il est inutile et vain de rechercher une efficacité technique dès le début, car celle-ci viendra d'elle-même naturellement à la prochaine étape.

Enfin, inlassablement pétris et forgés, corps et technique vont permettre à l'esprit de reconnaître* le *Ki*, de le comprendre et de commencer à le guider en soi, puis en l'autre.

Placement et Posture de corps comme d'esprit sont donc indispensables pour que s'accomplisse l'écoulement naturel du *Ki* qui n'est ni mystique ni mystérieux, mais tout simplement merveilleux !

L'énergie est partout et tout le monde la possède. La seule difficulté est de la reconnaître, de la laisser agir, de la contrôler. Sa disparition entraîne le chaos, la mort des organismes vivants ainsi que la destruction de la matière.

* *L'étymologie de reconnaître est : naître de nouveau avec.*

Dans la dynamique du *Taö* *, ces deux énergies opposées et complémentaires agissent sur le monde et les êtres qui l'habitent.

En résumé, Yin (*In* en japonais), associé au féminin, est considéré comme énergie de potentiel négatif. On peut lire dans certains ouvrages que la Terre, la lune, l'obscurité sont associées au Yin.

Le soleil, le jour, voire même le paradis, sont quant à eux associés au Yang (*Yo* en japonais), énergie de potentiel positif attribuée au masculin.

Si ces forces sont opposées comme le chaud et le froid ou le jour et la nuit, il faut retenir la complémentarité de ces deux énergies qui cherchent à fusionner sans pouvoir s'équilibrer parfaitement et qui donnent vie à la Vie et au monde tel que nous le percevons. Ces énergies stimulent la circulation du *Ki.*

L'équilibre du *In* et du *Yo* est indispensable à la bonne santé d'un individu comme à celle du monde.

Plusieurs facteurs comme le stress, l'anxiété ou une alimentation déséquilibrée peuvent affecter le flux de ces énergies et inhiber la circulation du *Ki.*

* *Taō : Dō en chinois*

Nous avons vu que, dans la langue japonaise, santé et maladie se formulent *Genki* et *Byoki.*

En acupuncture, l'application d'aiguilles le long des méridiens stimule et contrôle le *Ki*, en attirant l'énergie *In* ou *Yo* vers les régions où elles sont insuffisantes ou en les dispersant lorsqu'elles sont en excès.

L'alchimie de l'*Aïkidō* vient de l'amplification du travail de l'énergie. La pratique entière est basée sur la dynamique du *Taö* : *Uke** devient *Tori**, *Tori* devient *Uke*, exécute *Omote* et *Ura*, activant ainsi le In et le Yo qui s'opposent, se relient et se contiennent mutuellement. L'énergie peut alors circuler pleinement dans et par cette dynamique.

Il est essentiel de comprendre qu'en *Aïkidō* les rôles de *Uke* et *Tori* s'inscrivent dans cette complémentarité et il est inconcevable de progresser dans un de ces rôles sans développer l'autre.

Bien entendu, lorsqu'il y a une gêne temporaire ou définitive, l'*Aïkidō-ka* adaptera sa pratique au mieux, en fonction de ses capacités corporelles.

Par ailleurs, il ne sera pas demandé à un ancien de développer des compétences particulièrement sportives.

Uke, celui qui attaque, reçoit la technique / Tori, celui qui agit
Omote, positif / Ura négatif

Quoi qu'il en soit, le rôle de *Uke* doit être étudié autant que celui de *Tori*, l'un développant souvent les qualités et les capacités de l'autre.

Se connaître soi-même dans ces deux rôles, c'est mieux se connaître et donc développer la capacité de mieux connaître les autres et de les accepter dans leurs différences et dans leurs énergies.

Cependant, certaines énergies ont bien du mal à se mélanger, comme deux aimants au même flux magnétique se repoussent par nature.

Dans la recherche de l'équilibre du In et du Yo, l'opposition et la complémentarité de ces deux forces créent une vibration qui se compose de l'alternance de ces deux énergies.
L'équilibre parfait entre ces deux forces induirait sûrement une immobilisation du *Ki* et, par la même, l'arrêt de sa circulation. Ceci entraînerait la mort et la destruction de la matière : l'équilibre parfait, s'il était atteint, en serait sûrement la fin.

L'équilibre n'est donc pas le but. Le maintien d'un équilibre perpétuellement instable crée ainsi une oscillation, ou vibration, qui est source d'énergie. Nous retrouvons cette vibration dans l'atome, la lumière ou le son, comme dans le *Kiaï*.

« Dans le geste martial, la détente est soudaine, explosive, puissante et la technique devient puissante avec l'utilisation correcte du *Ki*. Le son, en harmonie avec le geste, en augmente l'intensité : c'est le *Ki-Aï*. »

Ce que nous enseigne l'*Aïkidō* est que l'on ne peut s'élever seul, que *Tori* n'est rien sans *Uke* et qu'il est vain de vouloir maîtriser l'énergie si l'on ne la laisse pas circuler.

Encore une fois, la pratique régulière et entière est la seule et véritable voie où toute la mécanique énergétique se mettra naturellement en application, sans que l'on se pose de questions particulières.

A mes tout débuts, je ne m'étais pas posé la question de savoir si les enseignants que je suivais, ou leur maître, développaient un travail sur le *Ki*, ceci me paraissant obligatoirement inclus dans la pratique, de par la définition même de l'art martial. Aujourd'hui je sais qu'il est possible de passer à côté, si l'enseignant n'y oriente pas son propre travail ainsi que celui de ses élèves.

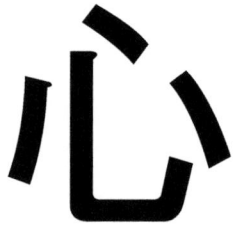

Shin ou Kokoro (le Cœur)

Kokyu et Ki

Kokyu, traduit par respiration, est un principe qui englobe l'échange et la circulation du *Ki*, énergie considérée comme naturellement merveilleuse ou relevant parfois d'un mysticisme ésotérique.

Kokyu et *Ki* sont intimement liés en *Aïkidō*.

J'ai déjà fait le constat que la dimension du *Ki* est très souvent oubliée, ou presque totalement, dans son enseignement et sa pratique.

Pour Maître Morihei Ueshiba, le *Kokyu* est le flux d'une énergie sans cesse en mouvement. Elle est un flot de puissance. Elle est rythme et respiration.

Kokyu peut être traduit par "mouvement du corps suivant le *Ki* ". Sans *Kokyu*, la circulation du *Ki* ne peut se réaliser. La respiration y est alors aussi importante que l'échange et le rythme. Lorsque respiration, échange et rythme s'harmonisent, le *Kokyu* s'active alors.

Pour ma part, j'ai toujours eu l'intime conviction que l'*Aïkidō* devait permettre au faible de l'emporter sur le fort, physiquement parlant. D'un gabarit plutôt "costaud", j'ai été surpris de voir comment certains Senseï ou de simples pratiquants plutôt frêles réussissaient à me déséquilibrer sans utiliser leur force physique, notamment sur *Kokyu Hoo* [exercice de *Kokyu*] en *Seiza*.

Avec un *Senseï* ou un *Sempaï* on peut ressentir parfois une* forte présence sans force physique, qui prend corps en nous et nous contrôle sans grand effort. Certains *Senseï* n'ont même plus besoin d'un contact physique pour établir ce type de connexion et leur *Kime,* attitude déterminée du corps et de l'esprit, suffit amplement à vous imposer un contrôle dans l'espace et dans le temps.

Mon meilleur ressenti à ce jour reste le contrôle qu'exerça Feu Nishio Senseï[1] sur moi sur un *Irimi Nage*[2]. Il avait "cristallisé" ma colonne vertébrale en me posant le pouce sur la nuque lors de la création du déséquilibre et avait gentiment attendu que je développe mon *Ukemi*[3] avant de me projeter tout en douceur, car la moindre petite accélération ou pression de sa part aurait pu rompre aisément une ou plusieurs de mes vertèbres. C'était lors d'un stage en 1997 et c'est une expérience qui ne s'oublie pas.

* *Sempaï, pratiquant plus ancien ou plus gradé*
1- *Shoji Nishio, 5 décembre 1927 - 15 mars 2005*
2- *Irimi Nage est une technique de projection*
3- *Ukemi, brise-chute ou amorti au sol avec le corps.*

J'ai eu la chance à mes débuts en *Aïkidō* d'avoir les conseils d'un *Sempaï*, médecin homéopathe-acupuncteur, qui a attiré mon attention sur les microtraumatismes inutiles que l'on pouvait subir ou faire subir. Ayant eu des problèmes aux genoux, il m'orienta vers une pratique respectueuse des axes morphologiques et un usage sans force brutale du corps. Cette approche thérapeutique de la pratique ne m'a jamais quitté et je lui dois beaucoup sur ma compréhension de la pratique de l'*Aïkidō* et plus généralement de celle du *Budō*.

Déjà sensible à la notion d'Énergie depuis mon enfance, je n'ai envers cette notion ni blocage mental ni rejet et j'ai pratiqué l'*Aïkidō* en suivant les axes qui représentent, pour moi, les vecteurs vers la compréhension du *Ki* :

- un travail sans force musculaire
- un respect des axes morphologiques du corps
- la juxtaposition de la respiration jamais forcée.

Mes recherches m'ont amené à comprendre que la contraction musculaire est un frein à l'expansion du *Ki* interne vers l'extérieur du corps, mais elle n'empêche pas le *Ki* adverse d'y pénétrer.

En d'autres termes, en contractant les muscles des bras ou des mains, j'empêche mon *Ki* de sortir mais je n'empêche pas celui de mon partenaire d'entrer. Pour que mon Ki circule, je dois rechercher l'extension musculaire et non la contraction.

Pour que celui qui saisit puisse épandre son *Ki*, il ne doit pas saisir en contraction *(Gyakute)* mais en extension *(Honte)*, tout comme pour la saisie d'un sabre avec *Shimeru* ou sensation dite d'essorer la poignée.

Comme je l'ai signifié, les livres ou vidéos ne sont que des aides qui ne remplaceront jamais la mise en pratique. Je ne pourrai ici développer les explications sur la manière de saisir en laissant couler le *Ki.*

Dans *Kokyu Hoo*[1] de l'*Aïkidō* et l'*Aïki Age*[2] du *Daïtō Ryu*, lorsque le corps est bien positionné, épaule relâchée, buste droit, coude devant les hanches, tranchant de la main *(Tegatana)* dans l'axe de l'avant-bras, il est possible de fléchir les bras sans contracter ses muscles.

1- Kokyu Hoo est un exercice spécifique qui se travaille en position assise dite seiza
2- Aîki Age est un peu similaire dans le Daitō Ryu Aïki-Jujutsu

Qui plus est, il est possible de dépasser la force musculaire adverse et donc de renverser un partenaire plus fort.

Si la posture du corps est importante, l'intention créée dans et par l'Esprit a un rôle primordial car elle permet de diriger le *Ki* dans et au-delà de son propre corps par un processus de visualisation mentale.

Ainsi, dans l'exercice du *Kokyu Hoo*, il est possible de se " fixer " dans le corps de l'autre et de créer un point de " pression ", que ce soit sur le centre de gravité, l'épaule ou le coude de son partenaire. Selon les conseils de pratiquants ayant une connaissance approfondie dans une discipline ciblant le travail du *Ki* ou de thérapeutes confirmés, il est important de ne jamais se fixer sur aucun organe vital.

Kokyu Hoo en *Seïza* vous a peut-être permis de toucher du doigt la manifestation du Ki sans toutefois comprendre tout à fait ce qui se passe.

De nombreuses fois, on rit parce que le rire permet de panser ce que l'esprit ne pense pas, ne comprend pas. Pourtant celui qui a réussi à réaliser un geste sans contraction musculaire, souvent avec l'aide du professeur qui est venu corriger le placement du corps entier, des orteils jusqu'au bout des doigts, en passant par le maintien de la colonne vertébrale, le relâchement des épaules et le port de la tête, celui-là même a pu ressentir un petit quelque chose sans pouvoir réaliser ce qui se passe dans un instant fugace où l'esprit perd le contrôle et classe l'expérience dans le magique ou le mystérieux.

Tout d'abord, il faut rappeler que nous ne pensons que par ce que nous sommes et par ce que nous avons été, ce qui a constitué notre base de données.

Si un message, une information verbale, visuelle ou corporelle, passe de manière codée par notre filtre intellectuel, celui-ci ne pourra réellement le lire et le message restera incompréhensible. Ceci explique pourquoi les débutants ne comprennent pas comment ou pourquoi ils ont été déséquilibrés.

Il faut des années de pratique pour que le corps digère ce que l'intellect croit comprendre. La simple pratique sportive ne le permet pas et il faut aller chercher une résonance en soi et en l'autre, ce qui est possible si l'Esprit accompagne la pratique.

Le travail de *Kokyu Hoo* est indispensable pour

appréhender le travail sur le *Ki*. Les sensations développées sont ensuite applicables à toutes les techniques, même si parfois la dynamique de travail en efface un peu la lecture.

J'ai été étonné d'apprendre que des enseignants ne font jamais pratiquer *Kokyu Hoo*.

Quand on voit pratiquer les techniques en force, il faut bien constater que la dimension du *Ki* y est absente. Aussi que restera-t-il de la pratique lorsque le corps aura perdu de sa vigueur ?

Toute technique *Aïki* appliquée sans *Kokyu* n'est plus que *Jutsu* et reste limitée dans son application.
En d'autres termes, sans *Kokyu* et sans *Ki* qui l'accompagne, il ne reste qu'un rapport de force brutale. Aussi, dans ce cas, je ne saurais que recommander de faire de la musculation intensive et d'espérer rester toujours jeune.

On nomme *Kokyu Rokyu* la force développée par le *Kokyu*. En général, elle est très efficace... avec les moins gradés que soi.
Car dès que l'on a affaire à un plus gradé, plus centré et plus empli de Ki, il faut revenir à une technique basique et retourner aux fondamentaux.

En effet, tout se passe comme si l'ancien avait une énergie plus condensée, ce qui le rend plus lourd même s'il fait une taille et quinze kilogrammes de moins.

Quand on a eu la chance d'être passé dans les mains de *Senseï* ou *Sempaï* qui ont perdu leur masse musculaire et qui sont capables de vous maîtriser corps et âme, avec un contact souple, doux mais ferme, parfois avec un doigt seulement, on ne peut ignorer que le *Ki* a un rôle primordial dans la pratique de l'*Aïkidō* et dans le *Budō* plus généralement.

Pour éveiller cette conscience du *Ki,* il nous faut faire une relecture du principe *Aïki* dans chaque mouvement et dans chaque technique.

神道

Shintō (la Voie des Dieux)

Shintō, religion des dieux ou voie des Kamis

Le Japon fut influencé par différentes pensées religieuses ou philosophiques, tels le *Shintō*, le Bouddhisme, le Confucianisme et plus tard le *Zen*. L'histoire révèle que ces courants de pensée ont pu facilement être acceptés, si bien que, vers la fin du sixième siècle, les trois courants cohabitaient pacifiquement. Il apparut même le *Ryo-Bu-Shint*ō, une religion *Shintō-Bouddhiste* qui dura mille ans avant de se diviser à nouveau.

Le *Shintō* n'est pas une religion réglementée. Il peut être considéré comme un mélange composé d'animisme, de croyances spirituelles et de cultes chamanistes. Le *Shintō* ne reconnaît pas de Dieu suprême et, sans réel dogme, il s'est accommodé du Bouddhisme et du *Zen* avec lesquels il partage de nombreuses croyances.

Dans la mythologie japonaise, les êtres divins sont appelés *Kami*. Ils sont très nombreux et résident dans le Ciel mais aussi sur la Terre. Ils existent sous différentes formes y compris sous forme humaine. Ils sont les *Kami* ancestraux, ceux des saisons, de la pluie ou du vent.

Le *Kami*, pouvoir sacré, est présent dans l'animé comme dans l'inanimé. Il peut résider chez des grands êtres ou des ancêtres, aussi bien que dans des lieux dits sacrés, des montagnes, roches ou arbres.

Chaque lieu ou chose d'une grande beauté est dit investi d'un pouvoir sacré et possède son *kami.*

Il y eut dans le passé une tempête qui sauva le Japon d'une flotte mongole prête à l'investir.

Durant la seconde guerre mondiale, on essaya de reproduire le miracle et l'on nomma les pilotes de la dernière chance du nom de ce vent sacré qui se nomme : *Kamikaze*…

Le *Kami* est donc un esprit déifié, dans le sens où il fait l'objet d'un culte. On lui adressera prières et offrandes. Chaque année, dans les *Jinja* (temples) sont célébrés les *Matsuri (fêtes traditionnelles)* où l'effigie du *Kami* local est portée triomphalement par les jeunes gens.

D'autres esprits plus assimilés à des démons sont appelé *Tengu*. Ils peuvent prendre l'apparence d'un animal, le plus souvent celui d'un corbeau, mais peuvent prendre aussi forme humaine.

Les *Yamabushi Tengu sont c*eux qui vivent dans les montagnes et sont souvent considérés comme des artistes martiaux. Ces derniers apparaissent avec des ailes et sont parfois confondus avec les protecteurs des montagnes : les *Yama no Kami.* On leur attribue la capacité d'entrer dans les rêves des humains pour communiquer avec eux.

Simples mythes ou croyances animistes, il n'en reste pas moins que les *Kami* et les *Tengu* ont joué un rôle important dans les *Budō* japonais.

Certaines écoles revendiquent une transmission d'ordre divin comme la *Tenshin Shoden Katori Shintō Ryu* et de nombreux ascètes guerriers du passé ont affirmé avoir été initiés par un *Tengu.*

Dans le *Dojō*, le *Kamiza*, appelé aussi *Shinza*, est la place du *Kami* où l'on trouve parfois un petit autel où l'on dépose des offrandes comme du riz ou du saké. C'est vers lui que se dirigent les saluts.

C'est là que se trouve généralement le portrait d'un *senseï*, portrait qui symbolise la transmission de l'enseignement. On y trouve parfois un sabre ou une calligraphie.

Le salut traditionnel, où l'officiant claque plusieurs fois des mains, a pour but d'attirer l'attention des *kami* et de se placer sous leur protection.

On peut exécuter le salut comme une simple formalité, mais l'automatiser, le banaliser, c'est enlever la conscience que l'on peut y mettre. Les pratiques rituelles se basent sur l'interaction corps-esprit.

Ajuster l'intention au geste, comme l'acte à la parole, c'est alors agir pleinement, corps et esprit unis. La présence de soi est une des vertus à acquérir, la compréhension du rituel en est une porte.

Sans pour autant adhérer au shintō, accorder l'importance nécessaire et suffisante au salut, comme faire le vide avant le cours, prédispose à pratiquer sainement : c'est un peu cela se relier au *Kami*.

Moriheï Ueshiba a été fortement influencé par le sacré et le spirituel. Il a œuvré pour bâtir un art en harmonie avec les lois naturelles qui permettent d'élever l'homme vers les grandes valeurs dites humaines.

La finalité de l'*Aïkidō* n'est pas la maîtrise du combat pour le combat, mais l'élévation de l'être par l'étude de la technique qui doit ouvrir l'intellect (*Shin,* esprit) vers le cœur (*Tama,* âme).

Le monde n'est qu'un reflet de notre esprit

Le monde, tel que nous le percevons, n'est qu'un reflet de notre esprit. Nous voyons, mais c'est notre esprit qui interprète notre vision.

Nous entendons, mais c'est notre esprit qui interprète les sons. De même, le toucher, l'odorat et le goût sont aussi des sens liés à l'interprétation de notre esprit.

Toute notre sensibilité est intellectuelle. Tout repose sur notre esprit. Nous croyons tout voir, tout savoir, mais nous sommes aveugles car nous ne percevons qu'une infime partie d'un tout qui nous est invisible. Pour preuve : nous n'entendons pas les ultra-sons, nous ne voyons pas les fréquences infrarouges ou les ultraviolets, notre odorat est rudimentaire comparé au flair du chien...

Oui, nous ne sommes que ce que notre esprit nous dit que nous sommes et nous nous en satisfaisons. Qu'adviendrait-il de nous si nous perdions l'esprit, si nous avions l'esprit ailleurs ou si nous devenions simples d'esprit ?

Il nous faut ouvrir notre esprit et prendre conscience qu'il y a un monde visible et un monde invisible. Un monde occulte existe aussi, invisible à notre vue et imperceptible par nos sens primaires.

Ce monde n'est accessible que par une prise de conscience. Il nous faut alors réveiller notre conscience endormie par les habitudes et la routine ou par nos croyances dogmatiques.

Pour pénétrer dans cet inconnu, il nous faut ouvrir les yeux qui n'en sont pas et rendre visible à notre perception une nouvelle conscience d'être.

Pour y parvenir, il nous faut rendre libre toute notre attention.

En changeant notre conscience d'Être, notre perception du monde change. Nous pourrons alors ne plus reconnaître ce que notre mémoire nous évoque et nous pourrons relire nos souvenirs d'un regard nouveau. Nous pourrions redimensionner notre propre image et, par là-même, celle du monde. Ce serait comme renaître dans un nouveau monde.

Le Budō nous invite à cette renaissance.

En premier lieu, il nous oblige à redimensionner notre schéma corporel qui n'est aussi qu'une interprétation de notre esprit. En modifiant cette interprétation, notre esprit bouge et devient sensible au changement.

Par la répétition des gestes techniques, la conscience descend dans notre corps.
Et, à l'inverse, notre corps remonte dans notre conscience.

Certains blocages ancrés dans le corps peuvent alors réactiver des " souvenirs " perdus ou refoulés qu'il faudra affronter. La relecture de ces souvenirs est souvent douloureuse, mais reste indispensable à la libération de l'esprit.
Chaque frein débloqué devient une victoire sur soi.

Pour pouvoir se donner entièrement à la Voie, le pratiquant doit alors la placer au centre de sa conscience. Il doit se recentrer, se concentrer et appliquer les enseignements reçus afin de libérer sa pensée, son esprit et son corps. Il corrigera ses défauts et s'appliquera à parfaire ses qualités.
La progression sur la Voie nous rend sensibles à nous-mêmes, apure l'Ego et nous invite à renouer avec notre moi-intérieur et notre moi-profond. Notre esprit immatériel libéré s'ouvre alors à ce quelque chose d'incorporel, notre essence, que l'on peut appeler l'âme.

Dojō : un lieu, un esprit, une intention

Le mot *Budō* évoque immanquablement l'image d'un *dojō*.
Pour la plupart, il ne s'agit que d'une salle où se rendent les pratiquants pour s'adonner à leur art.

Le *dojō* n'est pas une salle d'entraînement. Son étymologie nous révèle son vrai sens : c'est le lieu où l'on étudie la Voie.

Aujourd'hui, avec la baisse de l'intérêt porté au *Budō*, les salles se vident.
Pourtant, plus que jamais, le *dojō* reste un lieu indispensable à la cohésion des êtres : il reste un lieu où l'Être peut encore s'accomplir et se réaliser.

Certes, pour pouvoir « se réaliser », encore faut-il pouvoir se connecter à la réalité. Et c'est bien là le problème. Le *Budō* est aujourd'hui majoritairement déconnecté de la réalité… Le *Budō* ? Non ! Plutôt la majorité des *Budō-ka*.

Le dojō est le lieu consacré à la pratique des budō, à la méditation bouddhiste zen. Litt., Dō, la voie, Jo, le lieu. Historiquement le dojō était la salle du temple religieux.

Et l'*Aïkidō* n'est pas en reste. En plus du manque de connexion avec le *Ki*, l'*Aïkidō* est parfois dénué de l'aspect essentiel d'un art martial : il n'est plus martial !

Nous pouvons constater que les techniques d'*Aïkidō* exécutées en démonstration par des pratiquants souvent convaincus de leur invincibilité manquent de réalisme et paraissent peu efficaces. Le plus souvent, elles sont totalement déconnectées de la réalité martiale.

Les techniques d'*Aïkidō* ? Non, les enveloppes techniques telles qu'elles sont majoritairement proposées.

On répondra sûrement qu'aujourd'hui la question de l'efficacité martiale n'est pas une priorité parce que l'on peut venir chercher autre chose dans la pratique.

Il est en effet possible de pratiquer l'*Aïkidō* pour entretenir le corps, conserver une bonne condition physique, se détendre ou se relaxer après une journée de travail… Certes !

Mais, dans ce cas, ce n'est plus de l'*Aïkidō* que l'on pratique : ce n'est qu'un ersatz d'*Aïkidō*.

L'*Aïkidō* serait-il aujourd'hui devenu une pratique sans *Ki* et sans Martialité ?

Et qu'en est-il du travail des armes ?

Morihei Ueshiba doit sûrement se retourner dans sa tombe.

Si l'*Aïkidō* en tant que *Budō* est une voie par laquelle nous essayons de nous réaliser en tant qu'être humain, cette voie reste ouverte à qui le veut bien, femme ou homme, mais elle suppose que nous pratiquions tous ses aspects : tout ce qui constitue son essence même.

Nous ne devons pas écarter ou laisser de côté tel ou tel aspect. Nous devons l'embrasser dans sa totalité.
Nous ne devons pas, par paresse ou incompétence, nous satisfaire d'un ersatz d'*Aïkido* et encore moins pratiquer uniquement ce qui nous sied bien.

C'est en sortant de notre zone de confort que nous nous confrontons à ce que nous sommes vraiment. Nous sommes parfois en décalage avec ce que nous voudrions être ou paraître.

Oui, il nous faut apprendre à nous connaître pour pouvoir apprendre à nous surpasser. Il nous faut savoir ce que nous valons vraiment pour pouvoir affronter l'ennemi ultime, celui-là même qui freine notre progression, celui-là même qui se satisfait d'un peu, alors que le tout est à portée de chacun, mais qu'il demande travail, efforts, persévérance et sacrifices.

Il nous faut vaincre cet ennemi ultime, celui qui veut dominer notre vie et que l'on nomme Ego.

Cependant, vaincre n'est pas détruire.

Il ne s'agit pas de détruire notre personnalité, mais bien au contraire de la révéler et de lui permettre d'évoluer. Pour cela nous devons lever le voile des illusions que le « moi je » superpose à notre Être pour que le « je » sincère ouvre les yeux.

Le *Dojō* est un lieu privilégié pour livrer ce combat.

Il est important de comprendre que le *Budō*, en tant que Voie, n'est pas la simple pratique d'un art de combat.
Il nous invite à nous entraîner mentalement et spirituellement. Il tend à nous améliorer en

forgeant, rectifiant et en renforçant notre caractère.

Si les techniques nous sont transmises depuis un passé lointain, les méthodes d'entraînement et les pédagogies ont évolué et s'adaptent au monde d'aujourd'hui.

Cependant, la transmission des savoirs passe aussi par des rituels comme :

celui de *Mokusō* qui nous invite à faire le vide mentalement avant et à la fin des séances,

celui du salut qui n'est souvent exécuté que de manière routinière,

et bien d'autres encore.

Il ne s'agit pourtant pas là de rites anecdotiques dénués de sens. Les rituels sont des portes qu'il nous appartient d'ouvrir pour comprendre leurs enseignements.

> « *Saluer correctement c'est déjà se définir en homme de Dō.* »[1]

Il est essentiel que les pratiquants de *Budō* redécouvrent l'essence spirituelle de leur art en replaçant les rituels dans leurs contextes culturels et en trouvant en eux une force de développement.

1- Initiation, Christian Tissier, Éditions SEDIREP

L'Humanité fait partie d'un grand macrocosme et se positionne entre le Ciel et la Terre.

Il nous appartient en tant qu'êtres humains de voir au-delà de notre microcosme, parfois égotique, et d'ouvrir les yeux sur un horizon élargi.

Pour que nous puissions retrouver cette place qui est la nôtre et pour que l'humanité puisse être ce canal d'énergie qui circule entre Ciel et Terre, nous devons accorder nos ambitions et nos intentions à la droiture de nos comportements.

Pour cela, il nous faut nous laver de ce qui peut nous souiller ou nous corrompre.

C'est ce rituel de nettoyage que nous propose la pratique de *Misogi*.

Traditionnellement, *Misogi* est une pratique *shintō* dont le but est la purification des *kegare* (impuretés). Elle se pratique sous une chute d'eau ou dans un cours d'eau. C'est un peu l'équivalent des ablutions où l'eau tient une place prépondérante dans un rituel de purification.

Il est de coutume au Japon de nettoyer le *dojō* avant et après les séances de pratique. Cet acte est souvent exécuté dans l'esprit du Misogi.

Contrairement aux Européens qui voient les tâches ménagères comme des actes dégradants les rabaissant, les Japonais sont éduqués dès leur plus jeune âge à les réaliser, et ce dès leur entrée à l'école maternelle.

Mais il ne faut pas voir là une simple tâche ménagère car :
Nettoyer le *dojō,* c'est nettoyer sa maison.
Purifier le corps, c'est purifier son esprit et laver son âme.

C'est aussi clarifier ses intentions, mobiliser ses énergies, forger son esprit et son caractère. C'est permettre de viser de hauts objectifs en se donnant les moyens de les atteindre.

Les rituels ne s'adressent pas seulement aux autochtones des archipels japonais. Universels, ils sont valables pour toute l'humanité.

À nous de les comprendre, les pratiquer, les adopter et, pourquoi pas, les adapter à notre mode de vie.

Ils sont autant de portes qui permettent d'ouvrir la conscience et d'accéder à la compréhension des principes fondamentaux qui façonnent la pratique du Budō.

Dō (la Voie)

Aborder la Voie

Comment aborder un art martial, pratiquer et expérimenter une technique de combat sans jamais vraiment combattre ?

Comment appliquer les principes et préceptes inhérents à une voie martiale ?

Pour tenter de répondre à ces questions, je commencerai par ce qui me semble un point de départ : choisir un maître.

1- Choisir un maître

Les motivations qui poussent un individu à franchir les portes d'un *Dojō* ou, à défaut, celles d'une salle d'entraînement, sont tout aussi nombreuses que variées. Certains recherchent une efficacité martiale, d'autres une activité véhiculant des principes moraux, d'autres encore le moyen d'entretenir leur corps ou de maintenir leur esprit en éveil.

Tous ces individus vont constituer un groupe de travail dans lequel il faudra allier et combiner les forces agonistes et antagonistes. Ils seront eux-mêmes la matière à travailler du groupe et par là-même celle de chaque individu qui le compose. Ils travailleront avec ou contre un partenaire mais ils travailleront sur eux-mêmes.

Afin que ces rencontres aux objectifs épars ne s'organisent pas dans un chaos, le groupe doit s'organiser sous la responsabilité d'un guide. Tel un chef d'orchestre, il lui donnera une tonalité, proposera un contenu, assurera la cohésion du groupe afin que tous reçoivent et partagent les fruits d'un travail exigeant sur le corps et l'esprit.

La première étape pour aborder un art martial est tout d'abord de choisir un maître. Le temps est précieux dans les arts martiaux : il n'y a pas de temps pour le gaspillage. Le choix se devra d'être judicieux comme pertinent.

Le débutant ne choisit cependant pas toujours un maître, il choisit un club, un lieu, une proximité. Très chanceux est celui qui trouve ainsi son maître. Alors, il faudra parfois savoir se présenter devant un autre maître si le besoin s'en fait ressentir. Car le maître n'est pas une constante en soi, il doit être celui qui fait avancer l'élève.

Lorsque le maître n'a plus matière à enseigner à son élève, il n'est plus maître de l'élève. Il doit alors élever l'élève au rang de maître ou lui permettre de trouver un nouveau maître afin de persévérer sur la Voie.

Le maître qui se veut être un guide se doit donc d'avancer aussi continuellement sur la Voie dont on sait qu'elle est sans fin.

Une fois donc que le pratiquant a choisi un maître, il se doit d'apprendre et de mettre en pratique les enseignements reçus, et ce avec une totale confiance.

2- Pratiquer sans relâche, relâcher l'esprit

Les voies martiales agissent sur l'interaction corps-esprit. Seule la répétition effrénée du geste permet une réorganisation du schéma corporel et l'ouverture de nouvelles voies de circulation des influx bioélectriques ou, pour certains, de s'éveiller au flux du Ki. Il va de soi que cela ne s'acquiert que par une pratique pleine et entière.

Beaucoup de personnes pensent avec leur esprit conscient et croient avoir compris dès que leur mental a saisi le sens d'une technique ou d'un mouvement. Ils s'arrêtent alors de pratiquer. Beaucoup sont dans cette erreur. Ceci les prive d'une véritable progression.

Regarder un film ou lire un livre n'exerce pas le corps. Certes, cela peut aider à la compréhension et favoriser l'orientation d'une pratique mais, en aucun cas, cela ne remplacera le travail corporel indispensable à la réorganisation corps-esprit. Comprendre par l'esprit n'est pas "Comprendre". Étymologiquement, comprendre c'est prendre avec soi, en soi.

Ce n'est que lorsque l'esprit et le corps ont été suffisamment préparés qu'il est envisageable d'exécuter un nouveau geste technique sans avoir à travailler un mouvement précis, l'unité corps-esprit ayant déjà la faculté de le réaliser. L'expert en est capable car il s'y est préparé. Il est prêt et paré.

Auparavant, le pratiquant se doit alors de mettre son corps en mouvement sans chercher à analyser avec son mental ce que le maître propose. *[Nous partons du postulat que le pratiquant a choisi son maître et que donc il lui accorde sa confiance.]*

> « Sans dissertation inutile, la compréhension viendra de la pratique. »
> *Moriheï Ueshiba*

Oui, la compréhension viendra de la pratique. Elle viendra de l'épuisement du corps dans la pratique jusqu'à ce que l'esprit se relâche. Et le bon maître saura épuiser le corps de l'élève sans l'user ou le blesser afin de lui permettre une bonne longévité.

À bout de souffle, à corps perdu dans la pratique, l'esprit finit par lâcher et rompre avec cette volonté éperdue de vouloir toujours tout contrôler.

Dans l'effort intense, le corps sait trouver les ressources dont il dispose. C'est l'esprit qui ne peut plus gérer, c'est lui qui demande alors au corps de s'arrêter le temps d'un souffle pour tenter de récupérer sa capacité de contrôle.

Malgré la fatigue, malgré la chaleur, le froid ou malgré la douleur parfois, la volonté mise à l'épreuve dans la persévérance oblige l'esprit à lâcher encore plus et à placer sa confiance en ce corps animé qui ne vit plus que dans l'instant présent.

L'esprit peut se relâcher enfin : il n'est plus qu'un esprit qui rentre en symbiose avec le corps. ils forment alors l'entité corps-esprit recherchée.

3- Rester sur la voie martiale

Le temps est précieux dans les arts martiaux : il n'y a pas de temps pour le gaspillage.

Il est essentiel d'avancer toujours dans la Voie et de ne pas se disperser. Inutile alors de concevoir des exercices dont le seul but serait d'acquérir une capacité sans même la développer dans le geste technique. Inutile de passer du temps à apprendre uniquement à respirer, comme inutile de perdre son temps à essayer de raisonner ou de converser avec son propre mental.

Inutile donc de perdre du temps en s'égarant dans des chemins de traverse alors que la Voie est là, ici, devant soi, droit devant ou juste sous nos pieds.

Oui, il faut rester sur la Voie.

Il faut alors apprendre le geste technique par la pratique, développer le souffle dans la pratique, comprendre la technique par la pratique, appliquer les principes dans la pratique. Bref, il faut pratiquer toujours et encore ou encore et toujours mais, surtout, il faut toujours pratiquer sur la Voie.

Il y est si facile de se disperser, de céder à la volonté du corps de se reposer, ou à l'esprit de se rassurer. Les pièges sont nombreux, rester sur la Voie martiale implique une grande rigueur.

On pourrait penser que cela est encore plus difficile pour une discipline sans compétition, où jamais nous ne testons vraiment les techniques.

Devrions-nous privilégier les voies avec compétition ?

La compétition n'appartient pas à la Voie martiale. La compétition appartient au sport. Le sport est un jeu. Croire que le combat de compétition permet de tester une technique de combat est une erreur. Seul le combat [réel, et parfois jusqu'à la mort] permet de tester une technique martiale. Ceci est inconcevable pour le sport où les règles limitent les actions dangereuses et définissent le nombre de points qui désignera un vainqueur, et ce dans telle ou telle catégorie.

Ces mêmes règles disqualifieront les coups portés vers les points ou organes vitaux : ceci n'est pas la Voie martiale. Car même s'il ne s'agit pas aujourd'hui de blesser ou tuer, la pratique martiale se doit de rester martiale.

Les sports de combat se sont éloignés de la Voie martiale. Ils prônent les bienfaits de leur pratique, une philosophie de vie et des principes moraux qu'ils n'appliquent que trop rarement.

L'art martial ne doit pas s'éloigner de la Voie martiale, elle qui possède des techniques destructrices et parfois mortelles, elle qui enseigne comment se contrôler pour éviter de les utiliser sans un véritable motif. Elle qui, lorsqu'elle utilise le *Shiaï* en combat de compétition, le fait à bon escient avec un esprit de non-compétition.

4- La recherche d'un but

Suite à la période de *Sengoku Jidaï*, l'époque du pays en guerre qui s'étend du milieu du XVe siècle à la fin du XVIe siècle au Japon, les Samouraïs ont été contraints de se reconvertir en grande partie dans l'exécution de tâches administratives.

Comme la plupart ne savaient ni lire ni écrire, la reconversion ne fut pas sans difficultés. Beaucoup n'ont pas abandonné pour autant leur entraînement aux différents arts de guerre qu'ils pratiquaient.

Au fil du temps, de nombreux « serviteurs » délaissèrent l'entraînement martial et seule une poignée avait une réelle capacité dans le maniement du sabre. Lorsqu'une capacité n'est plus exigée, elle ne devient plus nécessaire et s'en trouve alors délaissée.

Pour ceux qui continuèrent à pratiquer, les occasions de tester leurs capacités étaient en fait relativement rares.

Pour le samouraï, il devenait nécessaire de trouver un autre but. L'idéal d'un perfectionnement de l'esprit s'ajouta à celui du perfectionnement de la technique, véhiculant les valeurs nobles et développant les capacités demandées pour servir avec loyauté, jusqu'à donner sa vie si nécessaire.

De nos jours, la Voie martiale offre au pratiquant une ouverture vers le Bien-être. Je ne reviendrai pas ici sur les bienfaits d'une pratique qui développe et entretient le corps, qui invite l'esprit à comprendre son Ego afin de se libérer de ses propres pièges, ou encore qui permet un accès vers la sérénité et la plénitude.

Le pratiquant devient un Être qui progresse et qui s'accomplit, qui améliore les relations avec autrui et parfois ouvre une porte vers la clairvoyance.

D'autres voies le permettent aussi. Si ces voies centrent leur pratique sur la méditation, sur le chant, sur la préparation du thé ou sur toute autre discipline, ce qui fait la particularité d'une Voie martiale, c'est le moyen choisi pour atteindre le but : une pratique centrée sur la technique.

La pratique martiale couplée avec la volonté de l'amélioration de soi offre une nouvelle perspective : celle de l'accomplissement de l'Être.

5- Le but n'est pas le but, le chemin est le but *

En mathématique, est-il préférable de savoir combien font deux plus deux ou bien de comprendre le principe de l'addition ?

Dans le premier cas, nous connaîtrons un résultat. Dans le second, nous saurons additionner et nous pourrons obtenir un plus grand nombre de résultats.

Ainsi, nous pouvons comprendre qu'il est préférable de connaître le processus.

Cependant, si nous ne le comprenions que par notre « esprit conscient », nous pourrions nous satisfaire d'avoir compris le processus et ne pas nous y exercer, à l'instar du pratiquant qui se satisfait de comprendre par l'esprit et non par le corps.

Si nous ne pratiquons pas régulièrement l'addition, nous ne pourrons accéder à un calcul intuitif et rapide basé sur l'expérimentation. De même, si nous ne pratiquons pas régulièrement notre art, nous ne pourrons accéder instinctivement à la réalisation de ses principes.

Aussi, s'il n'est pas nécessaire de connaître le but (dans l'exemple : savoir que deux et deux font quatre), il est Indispensable d'arpenter le chemin (s'exercer à additionner).

* Le chemin est le but : manuel de base de méditation bouddhique. Chögyam Trungpa. Éditions Points

L'exercice favorisera la compréhension (savoir additionner de manière automatique) et permettra l'accès au but (connaître le résultat).

Car le secret, qui n'en est pas un, de la Voie est qu'elle permet d'atteindre le but sans avoir à chercher à l'atteindre. Le chemin comprend à la fois le moyen et le but : le but n'est pas le but, le chemin est le but.

Certes, celui qui y chemine depuis longtemps sera plus avancé que celui qui démarre son chemin, si toutefois il y chemine avec sincérité. Cependant, celui qui est moins avancé peut, par la qualité de sa démarche, atteindre spontanément le but car, en cheminant avec un cœur pur, il entre directement dans la Voie : à lui de ne plus la quitter.

Ainsi, considérer la Voie en tant que telle permet d'aborder l'art martial dans sa globalité. Sa pratique à elle seule se suffit à elle-même.

Ayez confiance en la pratique, ayez foi en elle ! Et toutes ses promesses s'ouvriront à vous.

Le combat du Soi contre l'Ego

Il y a pour moi deux types de compétions.

La première est basée sur la victoire sur l'autre. Elle développe chez le pratiquant l'ambition de dépasser l'autre à son détriment. Elle crée des champions qui, avec le temps ou un coup de malchance, seront vaincus à leur tour ; les titres et médailles n'étant plus que le pâle reflet d'un temps qui n'existe plus.

La seconde, qui est pour moi le sens véritable du Shiaï*, est un test entre pratiquants dont les protagonistes doivent ressortir vainqueurs bien qu'un seul des deux soit désigné comme tel.
Car c'est ensemble qu'ils recherchent, dans la confrontation et dans l'effort commun, l'acquisition et le développement de qualités comme le courage, le contrôle des émotions, ou encore l'intuition qui permet un geste juste au moment le plus propice.

Ainsi gagner ou perdre n'est pas important car la vraie victoire est sur soi-même.

* Shiaï est un test de pratique avec un adversaire.

Dans la pratique de l'*Aïkidō*, le travail *Uke-Tori* est de même nature que ce second aspect du *Shiaï*. Du moins, il devrait l'être.

Certains pratiquants chez qui l'Ego prédomine expriment peu de compassion pour leurs *Uke*, surtout lorsque ceux-ci leur sont inférieurs en niveau technique. Lorsqu'ils sont *Uke* à leur tour, inconsciemment ou non, ils cherchent à exprimer leur supériorité en donnant des conseils, parfois et souvent trop peu pertinents. Certains bloquent leur partenaire et n'acceptent de bouger que lorsque cette relation de supériorité est établie. Tout cela témoigne d'un esprit empli d'Ego.

Face à un partenaire plus gradé, ils ne donnent généralement pas de leur corps et d'eux-mêmes dans leurs attaques et souvent fuient au moment où la technique est appliquée, en anticipant leur *Ukemi*, le plus souvent par peur non pas d'être blessés, mais de dévoiler les lacunes qu'ils se refusent de voir en eux-mêmes.

La plupart de ces pratiquants ne recherchent que titre et gloire ou du moins à combler un besoin de reconnaissance.

Cette volonté de gagner est pourtant ce qui les empêche de progresser car ils ne cherchent qu'à gagner en dépassant les autres, parfois en les rabaissant, alors que la vraie voie est celle où l'on gagne avec l'autre, en abandonnant tout désir de victoire sur l'autre.

La véritable victoire est sur soi-même.
C'est avec cet état d'esprit que la pratique *Uke-Tori* devrait être abordée.

Ainsi la pratique serait du même ordre que le *Shiaï,* lorsqu'il est noble et ne se transforme pas en compétition où seuls ceux qui passent par la salle de musculation ont une chance de victoire.

Je pense que c'est en partie pourquoi Moriheï Ueshiba ne voulait pas instaurer de compétition en Aïkidō car la pratique sincère intègre déjà le côté pur du Shiaï, et ce sans compétition ni champion ni coupe ou médaille.
Cependant je pense que, s'il était encore parmi nous, il convoquerait en *Shiaï* plus d'un pratiquant réfugié derrière un grade ou un titre afin de leur permettre d'ouvrir les yeux sur leur réel niveau de pratique, le plus souvent totalement en décalage avec le niveau revendiqué.

La Voie est un sentier qui peut être lumineux ou sombre.
Elle est unique mais elle mène à des destinations différentes selon comment on y chemine.

Lorsque les motifs du pratiquant sont d'ordre égoïste, elle peut mener à la gloire, la reconnaissance et l'argent, mais pour un temps limité seulement.

Pour ceux qui accéderaient à la réalisation de leur objectif, le moment de gloire resterait éphémère et finirait par laisser souvent place aux regrets et à la nostalgie.

Lorsque le pratiquant s'aventure sur la Voie avec la volonté d'acquérir un cœur pur en cherchant à se perfectionner constamment par une pratique régulière, il parcourt le côté lumineux. De nombreux fruits spirituels jalonnent alors le sentier. Parmi eux le discernement, l'intuition et la sagesse.

Il sait que ces fruits n'ont de valeur que dans l'échange, le don ou le partage, sans volonté de profit ou de gloire qui ne serait que gaspillage spirituel.

Ainsi la Voie peut mener à l'Amour, Amour avec un grand A, dans un acte de communion avec les autres.

C'est sûrement ainsi que Morihei Ueshiba définissait *Aïki* de *Aïkidō* lorsqu'il disait que son sens devait être pris dans celui de l'Amour, bien que ce terme ait eu une signification différente dans le passé.

Zen (le Zen)

Raku no Ki [1], l'esprit de la goutte de rosée

Observons une goutte de rosée qui s'est formée subtilement sur la feuille d'un végétal. Elle grossit lentement jusqu'à ce que son poids fasse fléchir la feuille. La goutte perd son adhérence, glisse et, tout naturellement, tombe.

Rien de particulier dans tout cela : juste la simple application de quelques lois de physique. Mais à y regarder de plus près, nous pouvons constater un fabuleux agencement de circonstances précises et formidablement ajustées.

Tel est le geste martial, simple et naturel lorsqu'il est exécuté selon les principes fondamentaux et avec les capacités requises.

Cependant, c'est en amont qu'il faut chercher les ressources pour que se mette en place le geste qui répondra à la juste concordance des circonstances.

S'il fallait compter sur le simple hasard, la probabilité pour que cet agencement aboutisse à une réponse spontanée et adaptée serait presque nulle.

1- La voie de la main nue. Mabuni Ken'ei. Éditions Dervy

Alors, plutôt que d'attendre ou espérer jouer de chance, le Budō-Ka s'exerce physiquement et mentalement chaque fois que cela lui est possible.

Il ne recherche pas non plus de résultat immédiat car il sait désormais que le travail d'aujourd'hui développe les capacités de demain, et que le « tout naturellement » ne l'est que pour celui qui a tant travaillé qu'il s'est accordé à la nature même du geste ou de la technique à reproduire.

Que la goutte rosée du matin est encore plus belle pour celui qui en perçoit l'esprit !

鍛錬

Tanren (la Forge de l'Esprit)

Conseils pour ressentir

et mettre en œuvre le Ki

Reprenons les explications de Tamura Sensei :
(cf. chapitre le Ki dans l'Aïkidō)

1 - L'utilisation de ce courant énergétique consiste à laisser couler le *Ki* le long des bras en le projetant à l'extérieur par le bout de chaque doigt, comme l'eau circule dans un tuyau pour jaillir à l'extérieur, à son extrémité.

2- L'esprit guide le corps et seule la parfaite coordination des capacités mentales et des moyens physiques permet d'utiliser le *Ki.*

3- Le corps et l'esprit se confondent alors pour exécuter le mouvement.

4- Base de la coordination mentale et physique, le *Seika Tanden* (centre) constitue le foyer de concentration de toutes les énergies.

5- C'est la concentration du *Ki* sur le point central qui permet l'explosion et la libération de l'énergie potentielle à travers les lignes directrices naturelles du corps comme les bras et les jambes.

Pour que l'eau puisse circuler à l'intérieur d'un tuyau, il faut commencer par injecter de l'eau dedans. La Palisse n'aurait pas dit mieux. Certes !

Nous avons vu que le *Ki* était en nous depuis notre naissance. Pour qu'il jaillisse, il ne reste plus qu'à ouvrir le robinet.

Il faut ensuite vérifier que rien n'obstrue le tuyau, un nettoyage s'impose pour retirer toute impureté qui viendrait s'y loger. J'ai évoqué *Misogi*, acte de nettoyage et de purification, pratiqué par nombre de grands maîtres.

Ensuite, Il faut veiller à ce que le tuyau ne soit pas plié ou aplati, car cela bloquerait ou ralentirait la circulation de l'eau.

Les tensions et blocages musculaires empêchent de même une bonne circulation du *Ki*, voire la bloquent. Il est essentiel de comprendre que la contraction d'un muscle agit comme un objet lourd qui viendrait aplatir le tuyau d'arrosage. Je parle ici des membres, jambes et bras, qui doivent garder souplesse et fermeté dans chaque muscle.
Il ne s'agit pas de relâcher les muscles du tronc qui, comme déjà évoqué, se contractent lors du

Kiaï, ou lorsque l'on bloque la respiration sans émettre de son. Cette contraction qui doit être contrôlée englobe le *Seika Tanden,* centre, qui constitue le foyer de concentration de toutes les énergies.

Ajuster l'intention au geste comme à la posture est indispensable. Seule la parfaite coordination des capacités mentales et des moyens physiques permet d'utiliser le *Ki.*
L'intention guide l'énergie mais ne la produit pas. Ce qui peut la produire, ou l'activer puisque nous avons vu que le potentiel est déjà en nous, c'est la motivation qui est elle-même source d'énergie.

De nombreux enseignements philosophiques ou religieux évoquant l'influence de l'esprit ou du son (verbe) sur la matière ont été relégués aux statuts de croyances non fondées et rites anciens.
Fort heureusement, les choses changent et il est admis maintenant que les pensées agissent sur le corps humain.

Des études démontrent que les pensées et les émotions ont en effet une influence sur la santé et peuvent entraîner des pathologies graves telles que l'infarctus, l'accident vasculaire cérébral, les maladies auto-immunes…

Des scientifiques d'aujourd'hui commencent à trouver des preuves de ces interactions entre l'esprit et la matière, et récemment des expériences ont démontré que la pensée suit les lois de la physique quantique :

> « Cela fait quelques années que l'idée fait son chemin, mais jamais jusqu'ici elle n'avait été appuyée par des preuves aussi robustes : une équipe internationale vient de confirmer, imagerie cérébrale à l'appui, que notre pensée suit les lois quantiques.
>
> C'est de pensée qu'on parle et non pas de biologie : cette étude dit non pas que le cerveau et ses milliards de neurones sont un système physique quantique, mais que notre pensée, la manière dont on traite les informations, dont on apprend et dont on fait des choix, suit une logique quantique. »

extrait de l'article de Cécile Bonneau
publié le 1 juillet 2023 dans Science et Vie

Je dirai donc que, pour que le Ki circule, il faut déjà y croire. Ou plutôt que ne pas y croire agirait comme un blocage, un poids sur le tuyau.

Mais une disposition d'esprit ne suffit pas ici. Les moyens physiques doivent se coordonner aux capacités mentales et inversement.

En ce qui concerne la posture, c'est *Hanmi*, dite une position en demi-corps, qui favorise l'extension du *Ki*.

J'attire l'attention des *Aïkidō-ka* sur le fait qu'il y a une grande lacune générale dans la prise de position du *Hanmi*. En effet, pour beaucoup, le demi-corps est en fait une absence de demi-corps, le positionnent du pied arrière étant trop souvent démesurément tourné alors qu'il faudrait que la jambe arrière vienne en soutien de la partie avant.

Je rappelle que *Hanmi* sert principalement à ne présenter qu'une partie réduite du corps lorsque l'on se positionne face au partenaire qui joue le rôle de l'adversaire ou de l'ennemi. Mais elle permet aussi une facilité de déplacement, comme le fait un starting-block pour un coureur de sprint.

La posture prise doit avoir des appuis stables et légers afin de permettre ce déplacement rapide et spontané sans avoir à reprendre un appui pour se propulser.

(Cf. le travail de Yoshinori Kono dans le *Namba Aruki, dite marche Namba spécifique des Samouraïs. Il explique comment la marche forge le corps et pourquoi certaines techniques ne fonctionnent pas aujourd'hui car elles ont été forgées avec une utilisation du corps différente de celle d'aujourd'hui.)*

La posture doit permettre aussi d'être centré, et plus exactement en bon équilibre par rapport à son centre pour accéder à l'énergie potentielle. Elle doit aussi permettre d'orienter le corps.

Cette énergie potentielle, car non en mouvement, s'allie alors à l'orientation du corps pour former un vecteur (force,direction).

Cette posture nécessite un bassin stable, un dos droit et des épaules relâchées pour la partie corporelle. Le placement du regard, *Metsuke,* et l'intention, *Kime,* permettront d'ajouter les capacités mentales nécessaires.

Enfin et afin que l'eau circule aisément dans le tuyau, les bras doivent être souples pour s'accorder aux variations d'intensité du Ki, tout comme le tuyau d'arrosage qui oscille lorsque la pression augmente.

Les coudes et les avant-bras doivent garder une position connectée aux hanches, grâce à la rotation des poignets qui orienteront le *Tegatana*, tranchant de la main. Enfin, l'auriculaire devra s'aligner dans l'axe coude-main.

Toute saisie devra s'opérer en commençant par le petit doigt afin de conserver une extension musculaire indispensable à la circulation du *Ki*, la pince pouce-index devant rester souple afin de ne pas contracter le biceps.

L'utilisation simultanée du corps et de l'esprit est indispensable à l'utilisation judicieuse du *Ki*.

Et sans *Ki,* pas d'*Aïkidō.*

どうも有難う御座いました

Domo arigato gozaimashita
(je vous remercie)

En guise de conclusion

Le *Ki* à porter de main pour qui le veut bien. Il n'est pas inaccessible.Son étude et sa mise en mouvement nécessite efforts, travail, assiduité et persévérance.

La Voie quant à elle est exigeante, elle demande beaucoup d'efforts, un investissement sans faille, une grande volonté et du beaucoup de courage. Elle durera toute la vie pour ceux qui décideront de l'arpenter.

J'espère que vous trouverez et développerez l'énergie nécessaire à la bonne réalisation de vos ambitions.

Que le *Ki* vous accompagne !

Aïkiment,

Marc Senzier
St Bauzille de Putois – France
le 21 septembre 2024

Notions et qualités à parfaire

Cette liste est établie par la commission des grades Aïkidō du 1° au 8° Dan.

Shizeï : Posture, attitude (physique et mentale)
Kamae : Garde
Ki Ryoku : Puissance vitale
Seïshin Jotaï : État d'esprit
Me Tsuke : Regard (physique et mental)
Ma Aï : Espace-temps (gestion de l'.)
Arukikata : Marche
Taï Sabaki : Déplacements
Kokyu : Respiration
Kokyu Rokyu : Coordination de la puissance physique et du rythme respiratoire
Sokudo : Rapidité
Ko Ryoku : Efficacité
Reïgisaho : Règles d'étiquette et de comportements
Nichijo No Taïdo : Attitude dans la vie quotidienne
Kokoro No Mochi Kata : Contrôle des émotions (coeur)

J'y ajoute :
Shoshin : Esprit du débutant (curiosité, émerveillement ...)
Zanshin : Vigilance, Attention
Aï Ki : Travail d'harmonisation des énergies dynamiques, internes, psychiques (motivations) et mentales (volonté, persévérance)
Dō : Notion de cheminement vers l'amélioration de soi en conservant une ligne de conduite sincère envers soi-même comme envers les autres.

Glossaire

Aïki age
Technique du Daïtō Ryu Aîki-Jujutsu.

Aïkidō
Art martial moderne créé par Morihei Ueshiba (1883-1969) dont la finalité est la préservation des individus et la résolution pacifique des conflits. Aï se traduisant par harmonie, Ki, énergie et Do, la Voie.

Aïkidō-ka
Pratiquant d'Aïkidō.

Ankh
Symbole égyptien signifiant la vie.

Bouddhisme
Religion et philosophie dont les origines se situent en Inde aux VIe – Ve siècles av. J.-C. à la suite de l'éveil de Siddhartha Gautama. Le Bouddhisme possède de nombreuses écoles ou ramifications.

Bu-Jutsu
Art guerrier qui donnera naissance au Budō.

Budō
désigne les arts martiaux japonais dits modernes, dont la finalité première n'est plus la destruction ou la technique guerrière, même si cette dernière reste l'objet de l'étude ou de la pratique. La pratique du Budō est orienté vers le développement de compétences physiques ou techniques, pour l'aspect sportif, le contrôle des émotions, la bienveillance ou le développement de nobles qualités humaines pour l'aspect psychique et parfois religieux.

Budō-ka
Pratiquant de Budō.

Bushi
Guerriers.

Bushidō
Code d'honneur des Bushi / ouvrage de Inazō Nitobe
(1862-1933), paru en 1900 et qui présente le bushido,
présenté comme le mode de vie et les valeurs des
samouraïs.

Chi
prononciation de Ki en chinois.

Christian Tissier
né à Paris en 1951, est un maître d'Aïkidō français, promu
au grade de 8e dan d'aïkido par l'Aikikai de Tokyo. Il a
largement contribué au développement de l'Aïkidō en
France comme à l'étranger.

Confucianisme
Grande école philosophique et religieuse de Chine que
l'on doit au philosophe Kongfuzi (551-479 av. J.-C.),
connu en Occident sous le nom latinisé de Confucius.

CSGDE
Commission Spécialisée des Grades Dan et Équivalents,
qui est une spécificité franco-française.

Daïtō Ryu Aîki-Jujutsu
Art martial japonais considéré comme la source des
formes techniques de l'Aïkidō.

Dan
Degré, marche. Nom utilisé pour désigner un grade.

DNBK

créé en 1895 à Kyoto, le Daï Nippon Butoku Kaï sous
l'autorité du gouvernement japonais et de sa Majesté
l'empereur Meïji pour promouvoir et normaliser les
disciplines martiales du Japon. Elle est la première
institution officielle du Japon et reste encore aujourd'hui
liée à la famille impériale.

Dō

Voie, chemin, route, désigne un concept philosophique
proche du Tao chinois. Opposé au Jutsu (techniques
guerrières), il oriente la pratique du Budō vers la paix et
l'harmonie.

Dohaï

Compagnons d'étude, d'entraînement ou de pratique en
arts martiaux.

Hagakure ou " Caché sous le feuillage "

Compilation des pensées et d'enseignements d'un
samurai qui date du début du 18e siècle.

Hanmi

Position du corps qui consiste à ne présenter qu'une
partie du corps.

Iaïdo

Art du sabre japonais, se pratique généralement avec un
iaïto, sabre d'entraînement non tranchant présentant les
mêmes caractéristique qu'un Katana.

In

(japonais) Yin en chinois.

Jinja
Temple japonais.

Judō
Art japonais créé par Jigoro Kano.

Jutsu
désigne la technique.

Kami
autre prononciation de Shin, le terme utilisé pour désigné une divinité ou un esprit vénéré dans la religion shintoïste. Ils peuvent être des éléments de la nature, des animaux ou des forces créatrices de l'univers comme les esprits de défunts.

Karaté-dō
Art japonais utilisant les mains et les pieds pour attaquer, parer et contre attaquer.

Katana
Sabre japonais tranchant anciens, les nouveaux étant appelé Shinken.

Kendō
Art du Ken qui se pratique avec un shinaï, sabre d'entraînement composé de 4 lamelles de bambou.

Kenji Tokitsu
Pratiquant d'arts martiaux et chercheur, né au Japon le 1er août 1947, il est le créateur de l'Académie d'arts martiaux, Tokitsu-Ryu. Il a traduit du Traité des cinq roues (Go rin no sho) de Musashi Miyamoto et écrit de nombreux ouvrages sur le Karaté.

Ki

Énergie, énergie vitale.

Kiaï

est utilisé dans la pratique du Kendō, du Karaté-dō, de l'Aïkidō et bien d'autres pratiques encore. Connu parfois comme le « cri qui tue », il s'agit d'une extension du Ki par l'extériorisation du Kokyu-ryokyu (souffle-énergie) où toute l'énergie du pratiquant est concentrée dans un seul mouvement. Il provoque la contraction simultanée de la plupart des muscles du torse et de l'abdomen et développe la force, la durée et la maîtrise de la respiration.

Kime

Intention, litt. le regard du Ki.

Kisshomaru Ueshiba

Premier Soke (gardien de la Voie), fils de Morihei Ueshiba. On lui doit la nomenclature de l'Aïkido moderne.

Kohaï

Cadet, pratiquant moins expérimenté. Par opposition à Sempaï.

Kokyu

traduit par respiration, est un principe qui englobe l'échange et la circulation du Ki.

Kokyu hoo

Exercice de Kokyu en Aïkidō, se pratique assis en seiza.

Kokyu ryoku

Force développée par le Kokyu.

Kotodama

Mots-âmes ou Paroles sacrées que l'on peut rapprocher des mantras bouddhiques. Ils sont utilisés dans la religion shinto (Noritō)

Matsuri

Fête traditionnelle au japon.

Meïji jidaï

Ére dans la chronologie japonaise qui va de 1868 à 1912. Elle met fin de la politique d'isolement du Japon volontaire et le début d'une politique de sa modernisation. C'est pendant cette période que se situe Elle se situe le basculement du système féodal vers un système industriel à l'occidentale.

Metsuke

Placement du regard.

Michi

Autre prononciation de Dō, voie, chemin.

Misogi

Acte de purification issu de la tradition Shintō.

Morihei Ueshiba

1883-1969, fondateur de l'Aïkidō.

Shoji Nishio

1927-2005 était un expert haut-gradés en Aïkidō, Karaté, Iaïdo, Judo... il fondera le Iaïdō Toho et sera reconnue par le DNBK.

Nō

Théâtre Nō.

Nobuyoshi Tamura
1933-2010. Il participera au développement de l'Aïkidō en France comme en Europe et dirigera de nombreux stages de par le monde.

Noritō
Prières ritualisées du shintoïsme récitées en ancien japonais par les prêtres shintō.

Omote
Positif, devant, à l'endroit.

Pneuma
Souffle vital en latin.

Prana
Énergie vitale universelle qui se trouve dans l'air et que chacun respire, selon la spiritualité indienne. En Yoga cette Énergie qui monte par les nadis (canaux) qui s'apparente à un fluide tantôt brûlant, tantôt rafraîchissant.

Reigi
Autre appellation de Reigi Saho.

Reigi sahō
Règles d'étiquette et de comportement, dites aussi de bienséance.

Reishiki
Autre appellation de Reigi Saho.

Sadō
Art de la cérémonie de thé.

Seika Tanden
Base de la coordination mentale et physique, le point central constitue le foyer de concentration de toutes les énergies. Il est situé à deux doigts (centimètres) environ sous le nombril.

Seiza
litt. La place de soi, position assise sur les deux genoux devenue traditionnelle.

Sempaï
Aîné, pratiquant gradé. Par opposition à Kohaï.

Sengoku Jidaï
litt. « époque des provinces en guerre », c'est une ère de l'histoire du Japon marquée par des intrigues politiques et des conflits militaires de 1477 jusqu'en 1573, lorsque le seigneur de guerre Oda Nobunaga destitue le dernier shogun Ashikaga.

Sensei
litt. « né avant » désigne un professeur ou une personne ayant une connaissance ou une expérience avancée.

Shi
Soi, privé, personnel.

Shiaï
Compétition visant à vérifier les acquis techniques en situation de combat.

Shin
Esprit, Coeur.

Shinken
Sabre japonais de fabrication récente.

Shintō
litt. « la voie des dieux » est une religion du Japon mêlant des éléments animistes et polythéistes.

Shizen
Soi-même.

Shizentai
Position naturelle du corps.

Shodan
Premier Dan.

Shodō
Art de la calligraphie.

Shugendō
Tradition spirituelle ancestrale du Japon. Litt. « le chemin de la formation et de l'essai », il porte sur l'ascétisme,où la vie en montagne et le rapport entre l'Homme et la nature est primordiale. Il inclus d'autres enseignements philosophiques orientales comme l'animisme, le shintoïsme, le taoïsme ou le confucianisme.Il vise à développer les « pouvoirs spirituels » par la pratique (dō) de l'ascèse. enseignements philosophiques orientales comme l'animisme, le shintoïsme, le taoïsme ou le confucianisme.

Sokaku Takeda
1859-1943, célèbre Budō-ka considéré comme un des premiers maîtres d'arts martiaux au sens moderne du terme et un des derniers guerriers du Japon traditionnel. Il enseignera le Daïto Ryu Jujutsu (qui deviendra Daïto Ryu Aiki Jujutsu) à Morihei Ueshiba.

Spiritus
Esprit, du lat. Spiro : souffler, respirer

Taï
Corps.

Taï Chi
Art martial chinois souvent qualifié d'art interne qui travail sur l'énergie appelée Chi.

Taisen Deshimaru
de son vrai nom Yasuo Deshimaru (1914 -1982 est un maître bouddhiste zen japonais de l'école Sōtō et l'un des principaux passeurs du bouddhisme zen en Occident, et en particulier en Europe.

Taō
Prononciation chinoise de Dō, c'est la notion fondamentale du taoïsme.

Tegatana
Le tranchant de la main, litt. main-sabre. Katana, sabre se prononçant ici gatana.

Tengu
Créatures légendaires de la religion populaire japonaise aussi considérés comme des dieux shinto ou comme des Yōkai (spectres). Ils prennent la forme de rapaces et sont traditionnellement représentés avec des caractéristiques à la fois humaines et aviaires. Parfois considérés comme des démons perturbateurs, parfois comme protecteurs ou messagers, ils sont aussi associés au Shugendō.

Tenshin Shoden Katori Shintō Ryu
Une des plus anciennes écoles d'arts martiaux japonais fondée par Iizasa Ienao en 1447, lors de sa retraite au temple de Katori-jingū situé à Katori, qui était consacré à Futsunushi no Mikoto ; une divinité tutélaire des arts martiaux.

Tori
Celui qui exécute la technique, nommé parfois Shite.

Uke
Celui qui attaque, nommé parfois Aïte.

Ukemi
Brise-chute ou amorti au sol avec le corps.

Ura
Négatif, derrière, partie cachée.

Waza
désigne la technique.

Yamabushi Tengu
Ce sont les Tengu qui vivent dans les montagnes. Ils sont souvent considérés comme des artistes martiaux. Ces derniers apparaissent avec des ailes et sont parfois confondus avec les protecteurs des montagnes: les Yama no Kami. On leur attribue la capacité d'entrer dans les rêves des humains pour communiquer avec eux.

Yang
Yō en japonais, opposé et complémentaire au In

Yin
In en japonais, opposé et complémentaire au Yō

Yō
   (japonais) Yang en chinois

Zazen
   Pratique de la méditation silencieuse dans le Zen qui se
   pratique en position assise.

Zen
   Branche japonaise du bouddhisme dont la pratique est
   basée sur la méditation dans la posture assise Zazen.

Zen
   (homonyme) Promesse, engagement.

Bibliographie

Par ordre de citation :

Budō, le Ki et le sens du combat.
Kenji Tokitsu. Éditions Budō

Souffle du Budō, ou chronique d'un budōka en quête de l'être.
Marc Senzier. Éditions B.o.D.

Hagagure.
Tsunemoto Yamamoto et William scott. Éditions Budō

Initiation, Christian Tissier
Éditions SEDIREP

Shintō, Sagesse et pratique
Motohisa Yamakage. Éditions Sully

Aïkido, Étiquette et Transmission.
Nobuyoshi Tamura. Édition du Soleil Levant

Zen et arts martiaux.
Taisen Deshimaru. Éditions Albert Michel

Aïkido Fondamental.
Christian Tissier, *Édition SEDIREP*

Le chemin est le but.
Chögyam Trungpa. Éditions Points

La voie de la main nue.
Mabuni Ken'ei. *Éditions* Dervy.